AF499076

LE SALUT

ET

LA GLOIRE DE LA FRANCE.

Cet Ouvrage se trouve aussi :

Chez A. LECLERE, Imprimeur-Libraire, quai des Augustins, n.° 31 ;

Et chez H. NICOLLE, rue de Seine, n.° 12, bureau du *Défenseur*.

LE SALUT
ET LA
GLOIRE DE LA FRANCE.

Beata gens cujus est Dominus ejus; populus quem elegit in hæreditatem sibi!

Heureuse la nation dont le Seigneur est son Dieu; heureux le peuple que Dieu a choisi pour son héritage!

Ps. 32.

PAR M. L'ABBÉ D***.

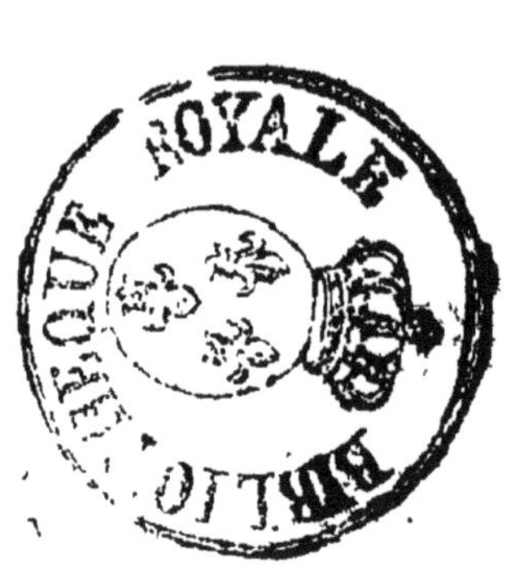

A PARIS,

CHEZ A. EGRON, IMPRIMEUR-LIBRAIRE,

RUE DES NOYERS, N° 37.

1821.

PRÉFACE.

Super flumina Babylonis, illic sedimus et flevimus cùm recordaremur Sion.

Ps. 136.

NÉHÉMIE ayant appris la misère et l'opprobre de ses frères, qui demeuroient dans la Palestine, et l'état déplorable de Jérusalem, dont le temple, les édifices et les murailles avoient été détruits, et les portes consumées par le feu, fût plongé dans une grande affliction, dans une profonde tristesse; il pleura sur les ruines et les malheurs de sa patrie et de ses concitoyens; il jeûna et implora la miséricorde de Dieu en faveur de son peuple, et lui dit : « Seigneur, Dieu du ciel, qui « êtes fort, grand et terrible, qui gardez votre alliance, « et conservez votre miséricorde à ceux qui vous aiment « et qui gardent vos commandemens. . . . . . je vous « confesse les péchés que les enfans d'Israël ont commis « contre vous. Nous avons péché, moi et la maison « de mon père; nous avons été séduits par la vanité « et le mensonge; et nous n'avons point observé vos « commandemens, vos cérémonies, vos ordonnances; « mais nous revenons sincèrement vers vous : nous « voulons désormais les observer avec exactitude. Que « votre oreille, Seigneur, soit donc attentive à la « prière de votre serviteur, et aux prières de vos ser- « viteurs qui sont résolus de craindre votre nom, de

« vivre dans l'obéissance à vos lois saintes et dans
« votre amour. Et comment, s'écrioit-il, mon visage
« ne seroit-il pas abattu, puisque la ville où sont les
« tombeaux de mes pères est toute déserte, et que ses
« portes ont été brûlées? »

Et nous aussi, nous avons souffert de grandes calamités, nous avons été plongés dans une grande affliction, dans une profonde douleur. Cette affliction terrible dure encore, et devient chaque jour plus profonde et plus amère. A la vérité, les rayons d'un soleil bienfaisant viennent parfois nous éclairer, et faire tressaillir nos cœurs d'allégresse, en paroissant écarter des nuages amoncelés sur nos têtes, et qui portent des ouragans bien plus terribles que ceux qui ravagent nos moissons et nos campagnes. Mais bientôt l'horizon s'obscurcit de nouveau, et les ténèbres sont quelquefois si épaisses, que les lueurs de l'espérance qui ne s'éteignent jamais pour nous, suffisent à peine pour diriger nos pas. Nous devons donc pareillement gémir sans cesse devant le Seigneur notre Dieu, pleurer en sa présence nos iniquités, et implorer humblement sa miséricorde. Nous avons tous souffert une dure et longue captivité; les uns exilés d'une patrie pour laquelle ils sacrifioient les biens, l'honneur et la vie, erroient sans asile et sans ressources, dispersés dans toutes les contrées de la terre, jusqu'aux plus éloignées et aux plus désertes; les autres, opprimés, persécutés, emprisonnés, massacrés de mille manières dans leurs villes et leurs foyers, souffroient un plus dur esclavage sur le sol de la patrie et dans le sein de leur famille.

Dans notre retour vers Dieu, dans nos gémissemens et nos prières, nous devons confesser que nos crimes et nos impiétés s'étoient élevés jusqu'au ciel; car toute chair avoit corrompu sa voie. Le Seigneur en jetant du haut du ciel, un regard sur les enfans des hommes, pour voir s'il s'en trouvoit quelqu'un qui eût de l'intelligence et qui cherchât Dieu, les voyoit, hélas! tous écartés du droit chemin, tous pervertis dans leurs inclinations; tous devenus abominables, et se servant de leur langue pour tromper avec adresse. Leur bouche pleine de malédictions et de blasphêmes, distilloit sans cesse le poison du vice dont leur cœur étoit rempli. Au lieu d'un encens pur et d'agréable odeur qui s'élevât vers le Très-Haut pour le glorifier, on voyoit s'élever en quelque sorte du sein de chaque famille et du cœur de chaque individu, une exhalaison d'injustice et de désordre, si on peut s'exprimer ainsi. La vertu qui redoute si fort d'être flétrie par l'encens des mortels, et se cache avec soin pour éviter leurs éloges, ne recevoit plus que leurs sarcasmes et leurs mépris. La timide innocence respiroit un air empoisonné jusque dans le lieu saint; la licence avoit pénétré jusque dans le sanctuaire; l'autel et le sacrifice avoient été souillés par des mains indignes. A la tiédeur, au relâchement, au dépérissement de la foi, succédoient des sacriléges abominables qui se propageant, se multipliant partout, couvroient presque le sol de l'Europe chrétienne, ravageoient les villes et les campagnes, forçoient les asiles les plus sacrés et les plus retirés de la piété et de l'innocenee, détruisoient tous les ordres, toutes les institutions les plus saintes et les plus utiles à la société. Alors l'Eternel, le Dieu trois fois saint, déclara du haut de son trône qu'il avoit en horreur nos fêtes et nos solennités, qu'il rejetoit nos offrandes souillées par des mains impures, qu'il ne vouloit plus écouter nos prières, ni recevoir nos hommages, dans les temples que nous avions changés en cavernes de voleurs. C'est pourquoi il a renversé la tente qu'il avoit dressée au milieu de nous, comme un jardin de délices; il a mieux aimé voir son saint tabernacle démoli, que de s'y voir plus long-temps si méprisé, si insulté! Le Seigneur a fait oublier dans la nouvelle Sion, les fêtes et les jours destinés à son culte, et que l'on consacroit déjà au démon par les débauches et les impiétés. Dans sa juste indignation, il a livré au mépris les rois et les prêtres; il a rejeté ses autels et son sanctuaire, dans lequel il avoit été si souvent trahi. Il a abandonné entre les mains des ennemis domestiques les murs de son temple. Ces ennemis en s'emparant de la maison du Seigneur, pour la piller et la saccager, ont jeté des cris de joie, comme nous faisions dans le temps de notre ferveur aux fêtes les plus solennelles. L'impiété et le libertinage avoient engendré des monstres qu'on croyoit vomis par l'enfer en les voyant se baigner avec tant de délices dans le sang des hommes, et prendre tant de plaisir à répandre de tous côtés la désolation, la terreur, les malheurs et la mort. Pleins de rage contre tout ce qui leur paroît grand, noble ou vertueux, ils se répandent de notre capitale sur tout le sol de notre malheureuse France, qu'ils jonchent de cadavres, couvrent de ruines, font nager dans un océan de sang et de larmes.

Les enfans de Jacob, pleurant sur les ruines de leur patrie et de leur temple, espéroient réparer ces ruines : leur espoir étoit fondé sur la parole expresse du Seigneur. Nous avions aussi la ferme confiance de réparer les nôtres; comme eux, nous avons vu, nous avons chanté dans les transports de la plus vive allégresse, le jour de notre délivrance. Nous avons béni et admiré les merveilles et les bienfaits du Très-Haut: nous avons posé de concert les fondemens d'un nouveau temple et des nouveaux murs de notre cité. Les Israélites étoient entourés d'ennemis puissans et insidieux, qui s'opposoient à leur entreprise : loin de se décourager et de l'abandonner, ils y travailloient avec plus d'ardeur, chacun vouloit y concourir à sa manière et avec une sainte et noble émulation. Ils veilloient jour et nuit, ils étoient toujours prêts à combattre et à donner leur vie pour leur temple et leur patrie. Jamais on ne pouvoit les surprendre, les combattans étoient toujours sous les armes, et les travailleurs eux-mêmes, en faisant l'ouvrage d'une main, tenoient une épée de l'autre. Comme eux, nous sommes entourés, attaqués par des ennemis puissans et insidieux, qui s'opposent à la réparation des ruines et des malheurs dont quelques-uns sont les auteurs, et d'autres leurs complices et leurs admirateurs. Ils sont même au milieu de nous, ou plutôt nous nous trouvons isolés au milieu d'eux, et nous ne pouvons faire un pas, sans qu'ils soient là, pour nous surprendre, nous surveiller, nous attaquer. Ils nous ont désarmés, dépouillés de nos biens, trahis de mille manières : ils ont toutes les armes, toutes les richesses, tous les pouvoirs, et ne distinguant plus entre le juste et l'injuste, tous les moyens leur sont bons, pourvu qu'ils nuisent. Dans leur acharnement contre l'église, contre Dieu et son Christ, ils ne craignent plus de s'avilir et de se parjurer. Toujours armés de doutes et de blasphêmes, et voulant dans leur délire impie, n'avoir plus à rougir de leurs excès et de leur raffinement dans le crime et la débauche, ils s'efforcent de bannir du monde le Dieu éternel qui le créa, et par qui seul il peut exister, parce que ce Dieu est essentiellement rémunérateur de la vertu, et vengeur du crime, quoique très-patient envers les coupables à cause de son éternité. C'est pourquoi, afin de nous faire secouer son joug, s'ils font des lois et s'avisent de donner des leçons de morale pour nous dominer et maîtriser à leur gré, ils ont soin d'en exclure toute idée de religion. Pour régner seuls, ils veulent que ses saintes ordonnances soient reléguées dans l'oubli; que son culte soit abandonné et tourné en dérision, et que ses ministres soient abreuvés d'opprobres. Que font-ils pour s'assurer des partisans et des disciples? Ils ne dédaignent point de diriger toutes leurs forces, toutes leurs armes contre une jeunesse sans expérience, et contre l'enfance même au berceau, en lui enlevant tous les moyens de connoître la vérité, de se former à la vertu, et la forçant, pour ainsi dire, de sucer l'impiété et la corruption avec le lait.

C'est ainsi qu'ils s'efforcent d'entraîner avec eux au fond de l'abîme, et la génération qui marche avec eux, et celle qui les suit. Alors s'accomplit cet oracle du Seigneur : « Malheur à vous qui inventez des lois « impies et qui écrivez l'injustice ! La terre a été in- « fectée par ses propres habitans, parce qu'ils ont « violé la loi, renversé le droit et brisé l'alliance « qui devoit durer éternellement. C'est pourquoi la « malédiction dévorera cette terre, les peuples s'a- « giteront au milieu d'un grand feu, les nations tra- « vailleront dans le vide et s'en iront en défaillance. » Pour hâter ce moment, une troupe de génies malfaisans couvrent le sol de notre malheureuse France et de presque toute l'Europe, comme ces nuées d'insectes venimeux couvroient autrefois, pour sa désolation, la malheureuse Egypte. Ces apôtres infatigables de révolte et d'insurrection n'aspirent à rien moins qu'à parcourir les deux hémisphères, pour soulever la lie des nations contre ce qui y reste encore d'hommes justes et vertueux, et creuser leur tombeau. Ils ne seront pleinement satisfaits que lorsque, rassasiés de sang et de rapines, ils croiront s'élever un temple et un palais pour eux seuls, après avoir partout brisé les sceptres, et surtout la croix, qui est le sceptre du Roi des rois.

Si nous ne voulons devenir leur proie, *revenons promptement à notre Dieu, élevons vers lui nos cœurs et nos mains* (1) ; revenons à cette religion

(1) Jérémie.

sainte qui exprime nos rapports avec lui, nous fait recevoir ses bienfaits et nous unit à lui; à cette religion sainte, lumière unique des intelligences, vie des esprits, loi suprême, hors de laquelle il n'y a ni loi, ni vérité, ni vie véritable. Revenons-y franchement, sincèrement, fermement, comme à l'unique port qui nous reste après la tempête, comme à l'arche qui peut seule nous conserver au milieu de ce nouveau déluge d'erreurs et de maux, et comme à l'ancre de salut dans ce naufrage universel du monde moral. Hâtons-nous, le temps presse. Le Seigneur nous fait encore entendre sa voix; n'endurcissons plus nos cœurs. Sortons de notre profonde léthargie, de cette monstrueuse indifférence qui nous glace le sang dans les veines, nous rend incapables d'ouvrir les yeux de l'entendement à la lumière de la vérité et le cœur aux aimables attraits de la vertu; nous rend ineptes pour le bien, sans vie, sans action pour tout ce qui passe la sphère des sens, d'où il semble que nous ne pouvons sortir. Encore un pas dans cette abominable carrière d'impiété ouverte devant nous; encore un moment dans cette dégradante et trop criminelle indifférence, et l'édifice de notre orgueil et de nos iniquités croule sur nous-mêmes et nous jette dans le théâtre sanglant des guerres civiles, dans le chaos de l'anarchie et de la mort. Mais si nous savons prendre une volonté ferme et déterminée pour le bien, s'il nous reste encore assez de vie et de courage pour écouter aujourd'hui la voix du Seigneur et lui obéir, nos maux ne sont pas sans remède. Nous espérons avec confiance ce retour sincère, d'où dépend notre salut; car il reste encore plus qu'une étincelle de foi parmi nous. La France est prodigieusement coupable sans doute, mais elle demeure toujours chrétienne, toujours catholique. N'en avons-nous pas eu d'illustres preuves dans cette multitude de déclarations énergiques successivement déposées au pied du trône, dans les grands événemens de 1820, de cette année mémorable pour tous les peuples, et qui fera époque pour les siècles à venir? événemens qui ont électrisé tous les cœurs, et montré ce qu'ils étoient naturellement, tantôt en plongeant la France dans la consternation et les larmes, et la couvrant d'un voile funèbre; tantôt en lui faisant exprimer avec tant de vivacité et d'énergie son horreur pour les crimes atroces, pour le parjure, pour la trahison, pour la félonie et pour ces doctrines affreuses de l'impiété qui sapent à la fois tous les fondemens de la religion, du bon ordre et de la morale; tantôt en la transportant de joie et de reconnoissance envers le Très-Haut qui venoit de combler ses vœux et ses espérances. Ainsi un beau matin, par exemple, un matin dont il sera fait mention dans l'histoire, on vit la France tout entière se réveiller d'un double sommeil à un premier coup de canon, s'agenouiller tout entière à un treizième, se relever pour courir dans le saint temple, y chanter, y célébrer les miséricordes du Seigneur par les hymnes de la reconnoissance et les accens de l'allégresse. Toutes les villes, tous les villages, presque tous les hameaux, toutes les classes de la société même, tous les corps de l'Etat, toutes les corporations ont à l'envi dans ces jours mémorables déposé leurs adresses ou leurs réclamations ; et toutes sont un hommage solennel rendu à la Providence, à la religion du Christ, à la foi catholique. Toutes rejettent sur les doctrines d'irréligion la mort de nos rois et de nos princes, et tous nos malheurs. Toutes attribuent également à l'amour miséricordieux et de prédilection du Seigneur envers la France, et à la ferveur de quelques-uns de ses enfans, les prodigieux bienfaits qu'elle a reçus du ciel. Ces hommages, ces vœux unanimes et spontanés montrent ce qu'est naturellement, ce que seroit toujours, plus ou moins dans toutes les provinces, le peuple françois, s'il n'étoit point comprimé dans ses affections, séduit, égaré par de fausses doctrines et de faux systèmes. L'histoire les consignera dans ses fastes, comme des monumens précieux, spontanément et simultanément élevés dans toutes les cités et dans tous les hameaux, et qui attesteront les vains efforts de l'enfer et de ses suppôts contre les François, pour leur enlever le précieux don de la foi, le respect et l'amour de leur religion, et leur sincère et fidèle attachement à la famille de saint Louis.

Lors donc qu'en écoutant la voix du Seigneur, nous serons, par un véritable retour vers lui, rentrés dans les voies de la justice, de la piété et de la vertu, lorsque la France, touchée des bienfaits de Dieu, se sera parfaitement réconciliée avec lui, nous reposerons en paix dans le sein de la religion catholique, comme sur un rocher inébranlable au milieu de l'Océan, contre lequel les vagues de la mer viennent se briser. Nous verrons ses ennemis s'agiter constamment autour d'elle, lancer sur elle avec fureur des traits qui retombent sur eux, creuser autour de ses fondemens, pour la détruire, des abîmes dans lesquels ils se trouvent engloutis. Ainsi ils passent comme l'éclair qui sillonne les airs et disparoissent pour toujours, tandis que l'église catholique subsistera d'âge en âge, racontant à ses enfans ses tribulations, multipliant ses triomphes par ses combats, et courant de victoire en victoire jusqu'à ce que le char du temps s'arrête, que le jour du Seigneur arrive, jour pour elle de gloire et de triomphe. Elle verra en ce jour ses enfans et ses amis qui lui auront été fidèles jusqu'à la fin par la foi et l'obéissance à ses préceptes, couronnés des mains du Très-Haut, s'envoler avec lui dans les cieux pour y participer à sa gloire et à sa suprême félicité.

Je viens porter ici mon grain de sable pour servir cette église sainte, dépositaire de toutes les vérités et de toutes les vertus, et ma patrie, dont elle a été depuis Clovis, et dont elle sera toujours le salut et la gloire.

Nous aurions voulu demeurer presqu'étranger à la politique si nous l'avions pu; nous le sommes du moins à tous ses systèmes et à toutes ses intrigues. Nous pouvons dire que nous ne sommes d'aucune opinion, parce que nous avons une croyance ferme et inébranlable. Nous ne sommes d'aucun parti, parce que nous ne défendons, ni n'attaquons rien de particulier, aucun intérêt, aucun privilége. Mais nous sommes François, nous sommes chrétiens, nous nous glorifions de ces beaux titres, et nous savons respecter, nous savons aimer tout ce qu'un bon François, tout ce qu'un bon chrétien doit aimer et respecter.

Le juste et profond sentiment de notre insuffisance nous a fait long-temps hésiter de prendre la plume, mais enfin l'amour de l'église et de la patrie nous a fait surmonter nos craintes, et lorsque nous l'avons prise, nous nous trouvions placé par la providence dans une solitude et dans une position où il nous étoit en quelque sorte moralement impossible de consulter les hommes.

Entreprendre d'élever une voix si foible, pour dire que le salut et la gloire de la France se trouvent dans la religion catholique, et indiquer les principaux moyens de la faire refleurir parmi nous, est sans doute une folie de ma part ; mais c'est la folie de la croix.

Ainsi, quoique notre ouvrage ne se recommande que par l'importance du sujet, et que notre siècle soit si léger et si frivole, qu'il ne lise presque plus les ouvrages de religion et de morale, nous avons cependant la confiance de faire quelque bien, parce que nous le désirons uniquement, et que nous l'attendons de Dieu seul. Que ce Dieu de miséricorde et protecteur de la France, daigne bénir nos intentions et nos vœux, et qu'à lui seul tout honneur et toute gloire soient rendus à jamais !

LE SALUT

ET

LA GLOIRE DE LA FRANCE.

PREMIÈRE PARTIE.

De la nécessité et de l'influence de la Religion dans la formation et conservation des sociétés, des lois, des bonnes mœurs, et généralement dans tout ce qui contribue à la tranquillité, à la prospérité des Etats et au bonheur de l'homme.

CHAPITRE PREMIER.

DE LA SOCIÉTÉ EN GÉNÉRAL.

La Religion seule rend indissolubles les liens qui unissent les hommes.

Li-Ki, liv. sacré des Chinois.

TRANSPORTONS-NOUS par la pensée à l'origine des temps. Avant la naissance des cieux, avant l'apparition d'aucune créature, avant qu'il y eût des mondes et une création, le trône de l'Eternel étoit déjà élevé. Il régnoit en lui-même, et il trouvoit dans son immensité, le seul temple, le seul palais digne de sa grandeur. Parfaitement heureux, parce qu'il se suffisoit à lui-même dans la plénitude de son existence, de son intelligence, de son amour, de sa puissance, de tout bien et de toute perfection; il se communique, mais il n'acquiert rien en envoyant cette multitude presqu'infinie d'êtres divers célébrer ses attributs, ses grandeurs, et publier sa gloire.

Laissons ce qui se passe dans les autres mondes et qu'il ne nous est pas donné de connoître. Occupons-nous de ce qui nous regarde plus spécialement, plus personnellement, de ce qui peut et doit former nos destinées. Il est certain que de tous les êtres qui peuplent la terre et les mers, il n'y en a qu'un, il n'y a que l'homme qui soit capable de connoître Dieu, de l'aimer, de l'adorer. Ainsi l'homme sortant des mains du Tout-Puissant, se montre sur la terre comme son chef-d'œuvre, comme le roi et le prêtre de la nature. Par ses organes il tient à tous les êtres matériels, et par son intelligence à tous les êtres spirituels. Sa faculté de connoître et d'aimer; son libre arbitre ou sa faculté de produire la vertu; de mériter et de parvenir à un état plus parfait et plus heureux, lui donnent les plus beaux traits de ressemblance avec l'être par excellence dont il tire son origine. Le premier usage qu'il en fait est de se prosterner devant lui, devant ce Dieu d'une majesté infinie, et dont la bonté et l'amour font l'essence; de l'adorer dans les sentimens de la vénération la plus profonde et de la plus vive reconnoissance, de le bénir pour tous ses dons, et de se reconnoître comme le premier don reçu de sa bonté ineffable. Aussitôt toutes les créatures qui l'environnent chantent par sa bouche les louanges du maître de la nature, et publient par son intelligence, ses merveilles, ses grandeurs et ses bienfaits. Les habitans des airs, par leur douce et agréable mélodie, le réjouissent et l'invitent à unir ses hymnes de reconnoissance et d'admiration, aux saints cantiques de bénédiction et d'amour dont les esprits bienheureux font retentir les voûtes célestes. L'homme s'étant, dans sa première innocence, dans sa justice originelle, élevé de la sorte à la source première de tous les êtres, pénètre dans le secret de la création, voit la nature, l'harmonie et les rapports de toutes les créatures entre elles et avec leur auteur, et nomme par cette connoissance chaque chose par son nom, c'est-à-dire par un nom qui exprime sa nature ou sa destination. Il a reçu des mains de son auteur une compagne avec qui il doit partager son bonheur, communiquer ses pensées, ses sentimens, et qu'il doit aimer comme un autre lui-même. Par son intelligence il règne sur la nature entière, et soumet à son empire toutes les créatures privées de raison. Mais c'est par ses organes que son âme spirituelle et invisible se manifeste, agit au-dehors et communique avec les êtres sensibles : ses sens sont les instrumens de ses facultés intellectuelles. Il fait plus, par un de ses organes, il donne une sorte de visibilité, de sensibilité, une véritable image aux êtres purement spirituels, à sa pensée essentiellement spirituelle et invisible. Par le don de la parole qu'il n'a pu inventer ni acquérir, mais qu'il a dû nécessairement recevoir de son auteur, il promène et reproduit cette image dans les airs, et la communique simultanément et successivement à tous ses semblables. Par l'art de l'écriture, il lui donne une sorte de fixité et des ailes pour voler en même temps sur toute la surface de la terre, et communiquer avec tous ceux qui l'habitent, et l'habiteront jusque dans la postérité la plus reculée. C'est ainsi qu'il ouvre les portes de son esprit et de son cœur, pour introduire dans ce sanctuaire intérieur ses proches, ses amis, ses bienfaiteurs, et leur rendre visibles toutes les combinaisons de l'un, et tous les mouvemens de l'autre. Ne devrions-nous pas nous écrier ici, dans les transports les plus vifs de la reconnoissance et de l'admiration? « O Dieu! qui d'un seul acte de votre toute-puissance avez fait le monde et toutes ses merveilles, c'est de vous seul que nous avons pu recevoir le don de la parole, dont l'excellence surpasse nos conceptions, et que nous ne savons pas assez apprécier et admirer au milieu des avantages et des jouissances qu'il nous procure. Eh! quel autre que vous, ô notre Dieu! a pu donner à l'homme cet instrument tout fait, et lui apprendre à rendre tous les sons qu'il rend avec tant de facilité, et dont la magie est si inconcevable? Vous seul, Être infiniment parfait, de qui tous les autres reçoivent leur existence et leur manière d'être, après avoir formé une créature composée de deux substances qui sembloient s'exclure, avez pu lui donner la faculté de lier avec ses semblables, un commerce si intime et si parfait; en divisant ce qui de sa nature est indivisible, en assujettissant l'opération la plus simple à une opération analitique, en faisant sortir les pensées de notre âme à l'aide des signes matériels. Cette merveille.

pour être universelle, en est-elle moins une grande merveille ? »

C'est parce que Dieu a créé l'homme pour vivre en société, qu'il lui a fait ce don précieux par lequel il entre en commerce avec ses semblables. Ainsi, en parcourant ce globe, partout où on le trouve habité par des hommes, on rencontre des sociétés. Cet état de société leur est aussi naturel que l'existence, puisqu'ils ne se conservent et ne se perpétuent que par lui. Et partout où l'on trouve des hommes réunis en société pour leur reproduction et leur conservation, on les trouve réunis par les liens d'une religion ou d'un culte public rendu à la Divinité. « Parcourez, « dit Plutarque, les diverses contrées de la terre, « vous trouverez des villes sans fortifications, « sans législation et sans lettres ; vous trouverez « des hordes sauvages qui n'ont pas même de « chaumière pour se loger, ni de vêtemens pour « se couvrir ; mais ce que vous ne trouverez nulle « part, ce sont des hommes réunis en société « sans l'idée d'un culte divin. » Et jamais état ne fut et ne put être fondé que la religion ne lui servît de base, d'après l'aveu même de ses plus grands ennemis. « Il seroit plus aisé de bâtir une « ville dans les airs, que de lui donner un gou-

« vernement et de lui assurer une police sans « religion, la religion étant le premier lien de « la société humaine et le plus solide appui des « lois. » Des hommes qui n'ont pas le courage d'abandonner entièrement des systèmes absurdes, de rompre tout pacte avec l'iniquité, ou qui redoutent un peu l'influence d'une religion trop pure et trop sévère dans sa morale, diront peut-être que la religion est à la vérité nécessaire pour civiliser les peuples et les réunir en société; mais qu'une fois l'état social établi, la religion devient inutile à la morale publique. Ecoutez le fameux auteur de l'*Ami des Hommes* : « Un prince ir-« religieux avec ostentation, dit-il, seroit le pire « des fanatiques, un furieux en délire, un incen-« diaire de son propre palais; et un prince in-« différent sur la religion, creuse au-dessous de « son trône une mine qui, quelque jour, n'y lais-« sera qu'un monceau de ruines. » Ouvrons les annales de nos jours et des siècles passés, et nous verrons combien il a dit vrai pour tous les peuples et pour tous les âges. Allez aux extrémités des Etats-Unis d'Amérique, vous y trouverez un peuple originaire de cette Europe, plus savante et plus civilisée que le furent jadis Rome ou Athènes, dégénéré en une race d'hommes plus barbare que les sauvages, parce qu'ils n'ont pas de temple qui les réunisse pour adorer Dieu en commun. N'avons-nous pas à craindre de voir, ou plutôt ne voyons-nous pas déjà, dans notre belle France, et pas loin de la capitale, le commencement d'une pareille dégénération, et pour la même raison? Hâtons-nous d'en arrêter le progrès, tandis qu'il est temps encore; ou si nous n'en avons pas le courage, préparons-nous à toutes les malédictions, et à ces grandes calamités qui sont les signes avant-coureurs de la mort des nations.

« Dieu, dit Leibnitz, est la suprême raison « des choses; en Dieu est le rapport général de « tous les êtres, c'est-à-dire celui auquel tous « les autres se rapportent, comme tous les points « de la circonférence au centre. Il est la raison « générale de leur existence, » de leurs relations, et de toute leur manière d'être. Il est le fondateur de la société, aussi bien que le créateur de l'univers; il en est le suprême monarque, le suprême législateur, comme le maître souverain du monde et de toutes les créatures. Dans l'Etat l'autorité qu'ont ceux qui gouvernent émane de Dieu seul, qui la leur communique dans sa miséricorde ou dans sa justice; et la leur retire quand il lui plaît. Toute souveraineté ne peut venir que de lui. Personne ne peut avoir, que par lui, le droit de nous commander, d'exiger de nous des travaux ou des sacrifices. Lui seul a le droit de nous prescrire des devoirs. La hiérarchie qui constitue la société et les liens qui unissent en un seul corps ses divers membres, tous destinés à remplir les diverses fonctions de l'Etat, l'ont aussi pour auteur. Il les unit de la manière la plus étroite et la plus intime par la connoissance et l'amour de la vérité, qui est nécessairement une; par l'amour et la pratique de la vertu, qui est également une dans son principe et dans son but, et surtout par la charité dont le propre est d'unir, comme le propre de la lumière est d'éclairer. « (1) Que voyons-nous en effet chez les hommes « qui adorent Dieu par Jésus-Christ, qui l'ado- « rent en esprit et en vérité? A quel caractère « les connoît-on? N'est-ce pas précisément à cet « amour immense, universel, qui chaque jour, « sous nos yeux, inspire tant de nobles dévoue- « mens, et produit tant de merveilles? Amour « de Dieu, amour du Roi, amour *plus inflexi- « ble que l'enfer et plus fort que la mort*, « amour du prochain, toujours prêt à se répandre « en bienfaits, en consolations, amour des en- « nemis mêmes, qui consiste non en l'oubli des

(1) De La Mennais.

« torts, car l'oubli n'est pas une vertu, mais « dans une disposition constante à les pardon- « ner; amour de l'ordre, et dès lors aversion de « la licence, et amour de la liberté, qui n'est « qu'une pleine conformité à l'ordre; amour des « lois; en un mot, amour dans l'Etat, dans la « famille, amour de tous les hommes civilisés « ou sauvages, jusqu'à mourir pour les sauver; « amour sans réserve et sans bornes, parce que « la perfection où l'homme est appelé n'en a « point. »

La religion est d'ailleurs comme naturelle à l'homme, elle est son premier devoir, son premier besoin : c'est par elle qu'il remplit la fin de sa création et parvient à la vraie félicité. Mais ce n'est point ici le lieu de développer cette grande vérité. Disons seulement avec un de nos plus grands législateurs; « que la religion est la raison « de toute société, puisque hors d'elle on ne peut « trouver la raison d'aucun pouvoir, ni d'aucun « devoir. Elle est donc la constitution fondamen- « tale de tout état de société. »

C'est pourquoi, lorsque pour l'en bannir on recourt aux chimères du contrat social et de la souveraineté du peuple, on ne trouve qu'un chaos d'absurdités et d'horreurs. Otez la religion, et dès lors tout devient arbitraire, caprice ou préjugé. Otez la religion, et vous détruisez la justice, parce que la religion en est la protectrice, le principe et le terme; vous détruisez la morale, parce que c'est dans la religion qu'elle a son premier fondement, son fondement inébranlable, des règles sûres et immuables, des motifs puissans et surnaturels pour la pratique, une autorité suprême et infaillible qui instruit tous les hommes sans exception et leur commande de même à tous : vous détruisez la vertu; la religion en est la source première et toujours féconde, la vie, la beauté, sa consolation, sa gardienne, ses délices dans les épreuves et sa récompense; vous ne pouvez plus faire de lois, elles n'auront aucune sanction, aucune garantie sûres; il ne vous restera plus que le droit du plus fort, vers lequel se dirigeront, s'élanceront avec fureur pour l'atteindre tous les intérêts du moment, toutes les passions. Ceux qui useront de ce droit sans en reconnoître d'autre, se signaleront par les excès du crime, comme les enfans et les vrais amis de la religion se signalent par l'héroïsme de la vertu et les excès de la charité. Laissez-le tomber entre les mains de ce peuple dont vous proclamez la souveraineté, et à qui vous prêchez l'insurrection comme le plus saint des devoirs, et il proclamera à son tour la terreur, la destruction et la mort, et les mettra à l'ordre du jour par ses représentans : alors l'impiété destructive de sa nature s'élève sur un trône ensanglanté des dépouilles de la piété et de la vertu. C'est de là qu'elle harangue ses adeptes et ses soldats, pour faire passer dans leur âme la haine et la rage qui l'animent, y éteindre le remords, leur commander la destruction universelle de tout ce qui ne porte pas *son nom ou son caractère*, et la guerre à mort contre tous ceux qui n'ont pas apostasié la vertu, et étouffé les sentimens de la nature. Malheur! malheur! malheur à la nation dont les crimes sont montés jusqu'au ciel, pour en faire descendre un pareil fléau! malheur au peuple qui, par ses désordres, son orgueil et ses sacriléges, force le Seigneur de l'abandonner un instant à lui-même! malheur à la nation qui, dans son délire impie, déserte et profane le temple, abat la croix et se livre à la puissance des ténèbres! Non, il n'est point, il ne peut y avoir de désolation semblable. Le malheureux qui prépara les voies à ceux qui y ont plongé notre patrie, l'avoue lui-même. « Si le monde, dit Voltaire, étoit gouverné par des athées, il vaudroit autant être sous l'empire immédiat de « ces êtres infernaux, qu'on nous peint acharnés « contre leurs victimes. » Des athées formés à son école, placés sur les marches du trône, creusèrent tout autour pour le démolir. Bientôt par le choc violent de tous les intérêts et de toutes les passions, ils le font écrouler; et, assis sur ses décombres, ils gouvernent la France avec une verge de fer. Et que voit-on? Je ne saurois le raconter moi-même. Ecoutez le célèbre auteur de l'*Essai sur l'indifférence en matière de religion*: « Jamais, depuis l'origine du monde, une telle « puissance de destruction n'avoit été donnée à « l'homme. . . . . . . On organisa la mort dans « chaque bourgade; et on acheva avec des dé-« crets, ce qu'on avoit commencé avec des poi-« gnards; on voua des classes entières de citoyens « à l'extermination : on ébranla par le divorce le « fondement de la famille; on attaqua le principe « même de la population, en accordant des en-« couragemens publics au libertinage; *en propo-« sant d'assigner des pensions sur le Trésor pu-« blic, aux filles publiques qu'on appeloit filles-« mères* (1). Pour peindre cette scène épouvan-« table de désordres et de forfaits, de dissolu-« tions et de carnages, cette orgie de doctrines, « ce choc confus de tous les intérêts, de toutes

(1) C'étoient les prêtresses de la divinité des législateurs de 1793.

« les passions, ce mélange de proscriptions et de
« fêtes impures, ces cris de blasphêmes, ces
« chants sinistres, ce bruit sourd et continu du
« marteau qui démolit, de la hache qui frappe
« les victimes, ces détonations terribles et ces
« rugissemens de joie, lugubre annonce d'un
« vaste massacre; ces cités veuves, ces rivières
« encombrées de cadavres, ces temples et ces
« villes en cendre, et le meurtre et la volupté, et
« les pleurs et le sang; il faudroit emprunter à
« l'Enfer sa langue, comme quelques monstres
« lui empruntèrent ses fureurs..... La France
« couverte de débris, offroit l'image d'un im-
« mense cimetière, quand, chose étonnante!
« voilà qu'au milieu de ces ruines, les princes
« mêmes du désordre, saisis d'une terreur sou-
« daine, reculent épouvantés, comme si le spectre
« du néant leur eut apparu. Sentant qu'une force
« irrésistible les entraîne eux-mêmes au tom-
« beau, leur orgueil fléchit tout-à-coup. Vaincus
« d'effroi, ils proclament en grande hâte l'existence
« de l'Être Suprême, et l'immortalité de l'âme;
« et debout sur le cadavre palpitant de la société,
« ils appellent à grands cris le Dieu qui seul peut
« la ranimer. »

Nous avons été châtiés : sommes-nous conver-
tis? Le ciel nous a donné de grandes leçons : en

profitons-nous? sommes-nous plus sages? Celui qui guérit toutes les douleurs et qui ferme quand il lui plaît, toutes les blessures les plus profondes, n'a pas permis que nous fussions tous engloutis dans l'abîme entr'ouvert sous nos pieds par nos crimes. Il a semblé nous racheter une seconde fois de la mort, il nous rappelle à lui par des prodiges de miséricorde, par les bienfaits les plus éclatans et les plus inouïs. Sommes-nous touchés de tant de bonté, et de tant d'amour? consentons-nous à devenir véritablement heureux? Notre Dieu, en nous rappelant à lui, et nous invitant à renouveler notre alliance, veut être servi librement; il nous présente le choix de la vie et de la mort : il attend que nous prononcions nous-mêmes sur nos destinées. Pour aider notre choix et justifier d'avance sa divine providence, il nous montre l'image de l'une et de l'autre, et les effets qui résulteront de notre choix pour le présent et pour l'avenir.

Cependant nous nous déterminons à peine. Dans les premiers jours de notre délivrance, nous avons élevé nos mains vers le ciel, et exprimé le désir de relever nos croix abattues et nos temples démolis. *Quel est le but d'une entreprise insensée*? se sont de suite écriés les incorrigibles ennemis de l'ordre et de la vérité, *les chré-*

tiens espèrent-ils que nous leur laisserons la liberté de réparer leur défaite? pensent-ils que leurs temples et leurs sacrifices renaîtront en un jour? les pierres qu'ils demandent pour bâtir, sortiront-elles des monceaux de cendre dont nous avons couvert l'enceinte de Jérusalem? Et bientôt nous avons paru abandonner l'entreprise. Les uns, intimidés par les clameurs de ces éternels perturbateurs du repos public; les autres, n'ayant pas le courage de briser les idoles de leurs passions, pour adorer le seul vrai Dieu de la justice et de la pureté; d'autres, à cause de leur alliance avec cette fausse et perfide philosophie nécessairement ennemie de la religion. Ils se flattoient d'en prévenir ou arrêter cette fois les écarts et les excès, comme si on pouvoit empêcher le fleuve de couler, la flamme de brûler, l'aquilon de courir! Ils comptoient aussi sur sa promesse de ne plus nous noyer dans un déluge de sang, comme s'il ne lui étoit pas naturel de se parjurer et comme si elle pouvoit vivre sans haïr et détruire. Ils caressoient ce monstre (*la fausse philosophie*) blessé et dont la blessure paroissoit mortelle, tandis que dans son dépit et dans sa rage, il attendoit avec impatience le temps où il seroit redevenu assez fort pour nous dévorer. Ils s'emportoient contre leurs vrais amis qui les avertissoient de se défier des embûches de l'ennemi commun, ou levoient le bras pour les défendre de ses attaques, parce que dans leur fol orgueil ils prétendoient mieux voir que personne. Dès ce moment une sourde et perfide persécution contre la religion a recommencé. On n'a pas osé la proscrire, mais on a fait plus, on l'a asservie. C'est par le dédain et l'avilissement qu'on a espéré éteindre peu à peu cette lumière éternelle du monde moral, comme si ce qui est éternel pouvoit finir; comme si l'abandonner n'étoit autre chose que se donner la mort, et la persécuter, refuser la vie qu'elle veut nous redonner. On ne voudroit cependant pas se priver tout-à-fait de ses bienfaits et de sa céleste influence, on en sent la nécessité : mais ce sentiment et la voix de la conscience se trouvent étouffés par le bruit des passions et le cri de l'orgueil; on s'endort dans l'indifférence, ou l'on essaye de composer avec elle, comme si on pouvoit composer avec le Très-Haut, comme si ce qui est divin pouvoit varier et faire alliance avec nos passions. Arrivés par ce malheureux système au bord d'un abîme plus affreux que tous ceux qui, dans le cours des siècles, ont englouti tant de peuples, on a reculé d'épouvante. En reculant on a pu voir qu'entre nous et cet abîme il n'y a que l'arche sainte de la religion dans laquelle il faut nécessairement entrer ou périr, comme autrefois les Hébreux ne voyoient devant eux que la Mer Rouge et dans laquelle ils devoient nécessairement entrer pour échapper à la poursuite de leurs ennemis. Et au lieu de se jeter promptement entre ses bras, surtout en la voyant si disposée à nous bien recevoir, comme des enfans chéris qui, nonobstant leurs égaremens, ont toujours été les objets de sa plus tendre sollicitude et de ses larmes, on tremble en l'apercevant et on fait un pas en arrière. Il semble qu'on revient à regret de la voie d'iniquité; on ralentit, on retarde sa marche autant qu'on peut; on cherche toujours, mais toujours en vain, son salut ailleurs que dans cette arche sainte. *Nisi Dominus œdificaverit domum, in vanum laboraverunt qui œdificant eam.*

Vivant isolé et inconnu, je ne connois et n'attaque personne. Je dis ce qui arrive, ce qui se passe sous nos yeux. Je pleure sur la France, comme mon Maître pleura sur Jérusalem. Si le Seigneur daigne exaucer mes vœux, mes gémissemens et mes larmes; les vœux, les gémissemens et les larmes de tous ceux qui prient et pleurent comme moi et pour la même cause, nos ennemis ne seront ni détruits ni confondus: ils seront changés pour leur propre bonheur; ils se rapprocheront de

Dieu, se réconcilieront avec lui, le béniront, l'aimeront, le glorifieront; ils méditeront et observeront sa loi sainte. La pratique de la vertu et de la piété les rendra heureux, et ils vivront en paix au milieu de nous.

En pleurant et gémissant ainsi sur les maux de l'église et de ma chère patrie, et sur les calamités, les fléaux et les malheurs les plus effroyables qui planent aujourd'hui sur la tête des nations, comme des orages formés par l'impiété et la corruption, il m'a semblé entendre le Seigneur leur adresser à chacune ces paroles : « Ecoutez, peuple insensé, « qui êtes sans entendement et sans esprit, qui « avez des yeux et ne voyez point, qui avez des « oreilles et n'entendez point. Ne me respecterez-« vous donc point, et ne serez-vous point saisis « de frayeur devant ma face ? Votre éloignement « de moi et la malice de votre cœur indocile et « incrédule vont s'élever contre vous, vous accu-« ser à mon tribunal; vous verrez alors en fré-« missant les malheurs que vous vous attirez par « cette mauvaise conduite. Prévenez-les dès au-« jourd'hui tandis qu'il est temps encore. Appe-« lez-moi donc et invoquez-moi au moins, main-« tenant que vous avez déjà ressenti les effets de « ma juste colère, et que vous pouvez éprouver « encore ceux de mon inépuisable bonté. Le temps

« approche où je visiterai toutes les nations dans « ma colère; une grande tempête va fondre sur « elles: pour leur faire connoître la sévérité de « mes jugemens qu'elles refusent de croire aujourd'hui, je répandrai sur elles toutes sortes de « maux qui seront le fruit de leurs pensées criminelles et le châtiment qu'elles méritent pour « n'avoir point écouté ma parole et pour avoir « rejeté ma loi. Je vais les abreuver de l'eau de « fiel et les punir dans toute la sévérité de ma justice. Ne vous glorifiez point dans vos richesses, « dans votre force ou dans votre sagesse, car « toutes ces choses ne vous mettront point à couvert des effets de ma juste vengeance. C'est par « la pénitence, comme les enfans de Ninive; c'est « par un prompt et sincère retour vers moi, par « la connoissance, la méditation et la pratique de « ma loi sainte, que vous pouvez prévenir les « nouveaux châtimens dont vous êtes menacés. « Si ces terribles fléaux dont vous apercevez déjà « les signes avant-coureurs ne sont pas détournés « ils se feront surtout sentir aux plus coupables, « aux propagateurs des mauvaises doctrines, aux « apôtres de l'insurrection, de l'insubordination « et de l'impiété. Ce sera leur tour; eux seuls « jusqu'ici semblent avoir été épargnés, tandis « que toutes les classes, tous les ordres de la

« société, ont tour à tour subi leur châtiment.
« C'est parce que j'ai voulu commencer aussi
« le jugement de ce siècle par ceux de ma pro-
« pre maison. Mais je vais maintenant faire écla-
« ter ma justice contre mes ennemis déclarés.
« O Babylone! qui caches ton orgueil, ton in-
« justice et ton impiété sous le nom magique de
« philosophie, tu es le marteau avec lequel j'ai
« ébranlé tous les peuples; avec lequel je briserai
« les nations, je détruirai les royaumes,... je ferai
« périr tour à tour par l'épée, par la faim et la peste,
« les hommes et les femmes, les vieillards et les
« enfans, les jeunes hommes et les jeunes filles,
« le pasteur et son troupeau, les chefs et les
« magistrats. Et après cela, écoutez, écoutez, ô
« rois et peuples de la terre : je rendrai à Baby-
« lone, aux sociétés impies, aux peuples irréli-
« gieux tous les maux qu'ils auront faits dans
« l'église mon héritage. Association superbe qui
« prends toutes les formes et tous les noms pour
« déguiser ton insatiable cruauté, et poursuivre
« artificieusement tes sinistres projets, tu as
« poussé des racines profondes dans toutes les
« contrées de l'Europe et étendu tes branches plus
« loin que jusque dans le nouveau monde; tu
« t'es enrichie des dépouilles des peuples vers
« lesquels je t'ai envoyé pour les châtier dans ma

« colère, car tu es pour mes enfans le plus ter-
« rible des fléaux; tu emploies ces richesses à
« corrompre le reste des habitans de la terre, à
« former dans son sein des volcans pour l'ébranler
« jusque dans ses fondemens et ne faire d'elle
« qu'un vaste incendie.... Mais je vais étendre
« ma main sur toi, tes vaillans hommes dans les-
« quels tu mets ta confiance se retireront du com-
« bat, ils demeureront dans les places de guerre
« n'osant en sortir parce que toute leur force
« sera anéantie et qu'ils seront devenus comme
« des femmes molles et sensuelles, incapables de
« résister à l'ennemi. Tes palais et tes édifices
« seront réduits en un monçeau de pierres et
« de cendre, et ta race et tes systèmes devien-
« dront un objet d'insulte à tous les passans. »

Je me suis alors prosterné devant le trône de sa miséricorde, et l'ai imploré ainsi pour la France, comme à mon ordinaire. O Dieu tout bon et tout miséricordieux, qui êtes notre père et notre libérateur, qui signalez votre gloire parmi les nations en nous donnant des marques de votre tendresse, sauvez-nous, défendez votre cause parmi nous. Nous reconnoissons que nous ne sommes devant vous que des rebelles et des ingrats. Nous confessons nos impiétés et l'iniquité de nos pères, elles rendent témoignage contre nous. Il n'est que trop vrai que nous n'avons mis aucunes bornes à notre malice, à notre monstrueuse et orgueilleuse ingratitude; et que par là nous avons mérité votre indignation et vos plus terribles châtimens. Mais, Seigneur, considérez, je vous prie, la fragilité du limon avec lequel vous nous avez formés, la violence et la ruse de nos ennemis, la grandeur et la multitude des tentations et des piéges qui nous environnent de toutes parts, et souvenez-vous que nous sommes toujours l'ouvrage de vos mains, vos enfans, même vos enfans de prédilection, que votre excessive tendresse pour nous et l'infinité de votre miséricorde nous rassure et nous fait espérer notre pardon. Nous osons donc vous invoquer avec confiance, pour nous vils pécheurs, et pour notre malheureuse patrie, que vous vous êtes plu à distinguer parmi les nations, par des faveurs singulières. Car, quoique nous ayons péché grièvement contre vous et que nos révoltes soient bien grandes, néanmoins nous sommes toujours vos enfans, et vous demeurez toujours notre Dieu, et notre bon père, le seul que nous attendions pour nous secourir. Les Hébreux vous invoquoient toujours avec confiance et jamais en vain, parce que vous étiez le Dieu de leurs pères, le Dieu d'Abraham, le Dieu d'Isaac et de Jacob. Vous êtes aussi pour nous le Dieu de nos pères, le Dieu de Clovis, de Charlemagne et de saint Louis; le Dieu de saint Remi et de saint Martin. Après nous avoir fait sentir les effets de votre colère, faites-nous donc sentir maintenant ceux de votre miséricorde, à cause de votre nom, pour empêcher qu'il ne soit blasphémé parmi les nations, et accusé, quoique injustement, de foiblesse ou de dureté, si vous abandonniez un peuple que vous chérissez spécialement, que vous semblez avoir mis sous la protection particulière du premier prince de votre céleste cour, et de la reine des cieux, et placé dernièrement dans le cœur adorable de votre divin Fils.

CHAPITRE II.

DE LA LÉGISLATION EN GÉNÉRAL.

> Excitez les peuples à la vertu par le culte public, et rien ne sera capable d'ébranler les fondemens de votre empire.
>
> *Morale des Chinois.*

Les lois peuvent être définies des préceptes ou des règles données ou employées pour parvenir à une fin. Ainsi, tous les êtres physiques ont leurs règles de conservation et de développement; tous les êtres intelligens leurs règles de conservation et de perfection. Les sociétés ne subsistent, et les arts ne s'exercent que par des règles. Tout, dans l'univers, n'est produit, n'est conservé, et n'agit que par des règles.

On peut distinguer deux sortes de lois ou de règles générales : celles qui fixent et déterminent l'existence des êtres et leur action; et celles qui déterminent leur manière d'être et d'agir. Les premières, fixant la place que chaque être doit occuper dans l'immense domaine de la création, sa destination et son but marqués par les propriétés et les facultés dont il est doué, seront plus proprement nommées relations. C'est de celles-ci que parle, sans doute, Montesquieu, quand il dit : « Les lois sont les rapports nécessaires qui dérivent de la nature des choses. » Ainsi, ajoute le même auteur : « la divinité a ses « lois, le monde matériel a ses lois, les intelli- « gences supérieures à l'homme ont leurs lois, « les bêtes ont leurs lois, l'homme a ses lois.

« Comme nous voyons que le monde formé « par le mouvement de la matière et privé d'in- « telligence, subsiste toujours, il faut que ses « mouvemens aient des lois invariables; et si l'on « pouvoit imaginer un autre monde que celui-ci, « il auroit des règles constantes, ou il seroit dé- « truit.

« Dire qu'il n'y a rien de juste ni d'injuste que « ce qu'ordonnent ou défendent les lois posi- « tives, c'est dire qu'avant qu'on eût tracé de « cercle, tous les rayons n'étoient pas égaux. »

Les secondes, qui sont des moyens pris ou donnés pour remplir une destination et parvenir à un but, seront plus proprement nommées règles. Une règle dans le sens moral, est donc un principe, une maxime qui fournit à l'homme un moyen sûr et abrégé pour parvenir au but qu'il se propose.

En contemplant le beau spectacle de l'univers, en étudiant la nature, et parcourant tous les êtres dont elle nous offre le merveilleux assemblage, on voit que celui qui leur a donné l'existence et le premier mouvement, a gravé sur tous ses ouvrages l'empreinte de sa sagesse. On voit que toutes les créatures sont tellement liées les unes avec les autres, qu'on n'en sauroit détruire une espèce sans en détruire en même temps plusieurs; que toutes ont leur usage, leur destination, une fin qui leur est propre. L'homme, cependant, est le seul capable de remonter par les nobles facultés de son âme, vers la première cause de tous les êtres, vers le premier moteur et le premier principe de tout ordre, vers la source unique d'où dérivent toutes les relations des êtres existans ou possibles, et toute l'harmonie des mondes, et de lui rendre gloire par l'adoration, la reconnoissance et l'amour. Il est roi de la nature corporelle, par sa raison et son industrie; il tient à tous les êtres qui la composent par ses sens si bien proportionnés à ses besoins, et l'unit à la nature spirituelle par les organes qui servent son intelligence, et dont l'union admirable le fait participer à ces deux natures, et habiter en quelque sorte deux mondes, celui des corps et celui des esprits. Car, par son âme, il tient et communique non-seulement avec toutes les créatures intelligentes, avec les purs esprits, mais encore avec Dieu lui-même, avec qui il s'unit de la manière la plus intime, et s'identifie par l'amour. L'homme a donc par ses nobles facultés et ses admirables prérogatives, la plus haute destinée à remplir; la fin de sa création est la plus noble, la plus élevée, la plus excellente où une créature puisse parvenir. L'homme doit donc avoir et recevoir de son auteur des règles pour remplir ses grandes destinées, et parvenir à cette fin si glorieuse de son existence, qui l'égale aux anges, et qui achève sa ressemblance avec le Très-Haut.

La première de toutes ces lois, est cette lumière intérieure qui forme en nous la conscience et le sens moral, par laquelle nous discernons le juste d'avec l'injuste, le bien d'avec le mal, le vice d'avec la vertu. Cette première loi est une communication, une dérivation de la loi éternelle, par laquelle Dieu lui-même juge de tout ce qui est bon, et de tout ce qui est mauvais, commande l'un et défend l'autre. De cette première loi dérivent toutes les autres, tant celles qui nous lient avec notre créateur comme avec notre premier maître, par qui seul les autres ont droit de nous commander, et notre bienfaiteur universel, que celles qui nous lient avec nos semblables. Ainsi comme l'enseigne un célèbre docteur de l'antiquité : « Il y a au fond du cœur de l'homme, un sentiment qui le rappelle à la dépendance de l'Être Suprême, à la fuite du vice, à la pratique de la vertu. Il y a une loi ancienne, primitive, universelle, antérieure à la révélation même, savoir, la loi de la conscience; cette voix impérieuse de l'ordre et de la justice, qui se fait entendre dans toutes les langues, et parle à tous les hommes, sans en excepter le sauvage même, qui cherche sa loi et son dieu jusque dans l'idole et la religion que son cœur s'est formés. Malheur à celui qui méprisant cette première loi, se laisse emporter par les passions! Dénué de l'amour de son Dieu, il transgresse sa loi. En vain affecte-t-il de la mépriser, de la méconnoître, elle aura toujours le cri de la conscience pour le justifier, et la voix des remords pour la venger. »

Cette première loi est si naturelle à l'homme, que, quelque effort qu'on fasse pour la chasser de son intelligence, elle y reviendra toujours et y sera constamment rappelée par ses besoins et par la voix de toutes les créatures : car aussitôt que les scandales se retirent d'autour de lui, que les passions se taisent dans son cœur, tous les sentimens de son âme, tous les êtres qui l'environnent lui disent que c'est à Dieu qu'il est redevable de la vie et de tous les avantages qu'il possède ; qu'il vit dans une dépendance absolue et universelle de ce premier Etre ; qu'il éprouve constamment de la manière la plus sensible les effets de sa puissance, de sa sagesse et de sa bonté ; qu'il est fait pour lui, c'est-à-dire, pour le connoître, l'aimer, le glorifier ; qu'il ne sauroit abandonner cette première loi, gravée dans son âme, dont nous venons de parler, sans se dégrader et se rendre malheureux. Cette première loi de la conscience et de l'ordre moral est donc essentiellement liée à l'idée d'un Dieu créateur, conservateur, modérateur de l'univers, vengeur du crime et rémunérateur de la vertu, que tous les hommes portent imprimée, gravée dans leur âme par l'Auteur même de la nature : car, quoique la dégradation du genre humain, par la chute du premier homme, ait presqu'effacé ou dénaturé cette idée primitive, cette idée mère d'où procèdent toutes les vérités, toutes les relations et tous les devoirs, comme de leur première et unique source, elle s'y trouve, néanmoins, toujours d'une manière imperceptible et cachée comme un germe fécond qui demande à être développé par une courageuse docilité à la voix de la conscience, par la fidélité à cette première grâce intérieure et prévenante qui se trouve dans tous les hommes pour leur faciliter la pratique de la loi naturelle et les disposer à recevoir les vérités de la révélation. Elle se manifeste en nous, comme l'observe un grand homme, par un sentiment confus de notre impuissance, un sentiment douloureux du vide de notre cœur, un désir de ce qui nous manque, une faim et une soif de la vérité, une disposition sincère à supposer facilement qu'on se trompe et à croire qu'on a besoin de secours pour ne pas se tromper; enfin, par un penchant à trouver au-dessus de nous ce que nous cherchons en vain au-dedans de nous-mêmes, à nous tourner vers le premier principe de toutes choses, l'Auteur et la source de tous les biens, à l'invoquer, à le prier de venir à notre secours pour nous aider et nous éclairer. On dit alors avec Abbadie: « A quoi

« donc est-ce que je puis être destiné en tant « qu'être intelligent? Sans doute, à faire un bon « usage de ma raison, il seroit absurde de le « penser autrement. Et quel plus noble et plus « digne usage puis-je en faire que de m'élever par « elle jusqu'à mon Auteur, puisqu'elle m'a été « donnée pour m'y conduire? Pourquoi Dieu « m'auroit-il créé à son image, pourquoi m'au« roit-il donné un cœur qu'il est seul capable de « remplir; pourquoi, enfin, se seroit-il fait con« noître à moi par ses œuvres, s'il n'avoit aimé « à se voir glorifié par l'ouvrage de ses mains? Le « plus digne usage de ma raison est donc de m'a« néantir devant lui, dans les actes d'une adora« tion, d'un amour et d'une obéissance sans « bornes. L'être intelligent et libre doit à son « Auteur, doit à son Dieu ce triple hommage « d'une triple dépendance, dont on ne peut re« jeter l'obligation sans nier aussi qu'il soit dans « l'ordre que toutes choses se rapportent à Dieu « comme à leur premier principe et à leur der« nière fin. » L'homme a donc avec Dieu des rapports nécessaires et les plus intimes; il est fait pour lui et pour l'éternité : c'est par les lois de la religion qu'il s'unit à lui et parvient à la noble et heureuse fin de son être.

L'homme, créé pour Dieu et pour vivre en société, y vit par les lois de la sociabilité, ou de cette excellente disposition de notre âme qui nous porte à la bienveillance envers nos semblables, à leur faire tout le bien qui dépend de nous, à concilier notre bonheur avec celui des autres, et à subordonner toujours notre avantage particulier à l'avantage commun et général. Le grand Bossuet marque très-bien cette double destinée de l'homme. « 1°. Les hommes, dit-il, n'ont tous qu'une même fin, qui est Dieu : tu aimeras le Seigneur de tout ton cœur, de toute ton âme, etc. Voilà le premier précepte, la première règle pour parvenir à cette fin. 2° Cet amour de Dieu oblige tous les hommes à s'aimer les uns les autres. Dieu est notre Père commun, et son unité est notre lien. Il est naturel que celui qui aime Dieu, aime aussi, pour l'amour de lui, tout ce qui est fait à son image. 3°. Tous les hommes sont frères, enfans d'un même Dieu ; ils naissent tous d'un même homme, qui est leur père commun. 4.° Chaque homme doit avoir soin des autres hommes ; car si nous sommes tous faits à l'image de Dieu et également ses enfans, si nous sommes tous une même race, un même sang, nous devons prendre soin les uns des autres : *unicuique Deus mandavit de proximo suo*. 5.° Les hommes ont besoin les uns des autres. Dieu veut que chacun trouve son bien dans la société : c'est pourquoi il a donné aux hommes divers talens ; par cette diversité de dons le fort a besoin du foible, le grand du petit, chacun de celui qui paroît plus éloigné de lui, parce que le besoin rapproche tout et rend tout nécessaire. *Jésus-Christ, en formant son Eglise, en établit les principes sur ce fondement, et montre quels sont les principes de la société humaine.* »

La charité est donc la loi fondamentale de notre union, de notre société avec Dieu et les hommes. Ne faites jamais à autrui ce que vous seriez fâché qu'on vous fît à vous-mêmes ; faites à vos frères, à vos semblables, tout le bien qui est en votre pouvoir et que vous seriez bien aises de recevoir d'eux en pareille circonstance, sont les premières maximes, les premières règles qui dérivent de cette loi primitive de la charité, et sans lesquelles on n'entre jamais dans la carrière qui doit nous conduire au but pour lequel les sociétés sont formées.

Il suit de ces premières vérités ou principes fondamentaux :

1° Que les maximes et les préceptes qui tendent à nous unir à Dieu et avec nos semblables ; à resserrer et fortifier nos premiers liens ; à développer et à perfectionner nos facultés morales, sont des règles et des moyens qui nous aident à remplir nos destinées, et à mieux atteindre pour notre bonheur l'excellente fin de notre création. Que les maximes et les préceptes des hommes, qui rompent ces liens sacrés ou tendent à les affoiblir et à les détruire peu à peu, sont des obstacles à notre perfection, à notre félicité; des combats contre Dieu; des barrières placées devant nous, pour nous empêcher d'arriver jusqu'à lui, et jusqu'au terme de nos destinées où se trouve le vrai repos, le centre du parfait bonheur; des artifices trompeurs, des piéges tendus à l'ignorance et à l'orgueil des hommes déchus de leur excellence originelle; enfin, des règles de destruction et de mort.

2° Que les relations de la société avec Dieu sont les mêmes que celles de l'homme. C'est la même dépendance, la même reconnoissance, les mêmes devoirs, le même but. De là, la nécessité du culte public pour tous les peuples, et l'obligation pour les particuliers de participer à ce culte; mais participation volontaire et essentiellement libre, comme tout ce qui est du ressort de la vertu, et de ce qui contribue à perfectionner l'intelligence, à élever, ennoblir et enrichir les âmes. Ce culte public est en effet le premier lien par lequel les hommes se sont toujours unis en corps de société. Partout ils ont tellement senti la nécessité d'associer Dieu à leur existence et à leur union, que leurs premiers pas vers la civilisation en quelque coin isolé du globe que la providence les ait fait naître, ont été de se réunir pour louer et bénir ensemble un Dieu créateur et conservateur, et à l'honorer par des offrandes et des sacrifices. De là l'intervention de la divinité dans les différentes législations de tous les peuples civilisés ou sauvages, réunis en corps de société, et même dans presque toutes les relations de famille. Ici nous pourrions appeler en témoignage, et tous les législateurs, et tous les fondateurs des peuples, et tous les historiens.

La religion est donc cette loi sacrée, immuable, éternelle, qui unit entre eux tous les êtres intelligens et avec leur auteur : loi première qui fixe toutes les relations, tous les pouvoirs, toutes les destinées, tous les devoirs, tous les mérites.

CHAPITRE III.

LA RELIGION EST L'AUTORITÉ, LA SANCTION ET LE SUPPLÉMENT DES LOIS.

TOUTE autorité légitime doit émaner médiatement ou immédiatement de Dieu, le seul être existant par lui-même, de qui tous les êtres et toutes choses dépendent, comme de leur première cause, et qui seul ne dépend d'aucune. Ainsi, il n'y a qu'un seul fondement d'obligation auquel tous les autres se réduisent : c'est la dépendance naturelle où nous sommes de Dieu, en tant qu'il nous a donné l'être.

« Toute véritable législation émane donc de « Dieu, principe éternel de l'ordre, et pouvoir « général de la société des êtres intelligens. Sor« tez de là, je ne vois que des volontés arbitraires « et l'empire dégradant de la force; je ne vois « que des hommes qui maîtrisent insolemment « d'autres hommes; je ne vois que des esclaves « et des tyrans. Le code variable des intérêts « remplace le code de la justice, de cette justice « immuable comme la nature des êtres qu'elle

« doit régir, et qu'elle conserve en les mainte-
« nant dans leurs vrais rapports. Considérez en
« effet les lois puisées, si l'on peut le dire, à cette
« source divine : inflexibles et sévères comme la
« vérité, et néanmoins remplies de je ne sais quel
« esprit de douceur, qui console et tranquillise
« l'humanité, elles inspirent à la fois la confiance
« et le respect, la crainte et l'amour. L'homme
« peut les violer, sans doute, mais en violant sa
« raison, sa conscience, sa nature toute entière ;
« en renonçant à la paix, au bonheur. Toujours
« stables au milieu du mouvement des choses
« humaines, elles s'affermissent par les siècles,
« survivent aux opinions, aux systèmes, et rè-
« gnent sans jamais vieillir sur les générations
« qui s'écoulent, chargées de leurs bienfaits (1). »
La religion est donc le fondement, l'autorité des lois, elle est aussi leur sanction.

D'après les jurisconsultes la sanction est cette partie de la loi qui renferme la peine qu'encourent ceux qui la violent, peine établie pour en assurer l'exécution. Mais la crainte de cette peine seule est-elle bien propre à obtenir l'entière exécution de la loi, à en prévenir toutes les infractions ? Qu'on jette seulement un coup d'œil

(1) Essai sur l'indifférence, tom. I, p. 397.

rapide sur ce qui se passe parmi nous ; qu'on le porte même sur quelques tribunaux, mais plus particulièrement sur notre jury, dont la composition influe tant, non pour constater ou prouver, mais pour déclarer la culpabilité des accusés, et on verra de quel poids est cette sanction humaine, séparée de la sanction divine, qui nous rappelle ce tribunal suprême auquel seront appelées toutes les causes qui se jugent ici-bas, où seront jugées toutes les actions des hommes et toutes les justices de la terre. Séparées de cette sanction divine, toutes nos lois ne devront-elles pas être comparées, comme celles d'Athènes, à des toiles d'araignées où se prennent les moucherons, mais que les frelons viennent aisément à bout de rompre ? Hélas ! elles ont encore moins de consistance, puisque, grâces à certains systèmes et à certaines institutions, elles sont si facilement rompues par les moucherons mêmes. Aussi la nécessité de cette sanction divine est-elle universellement reconnue, même par les persécuteurs et les plus grands ennemis de la religion. Lorsque, pour punir un grand peuple, la Providence leur donna pleine puissance de se réunir pour faire la guerre aux justes, pour tout détruire et régner par la terreur et la mort, car ils ne savent régner autrement, ils avouèrent, dans une de leurs assemblées, et publièrent solennellement, à la face de l'Univers, par un de leurs chefs, que : « toute philosophie irréligieuse viole le genre humain et tend à la destruction « des gouvernemens établis. Le chef-d'œuvre de « la société, disent-ils, seroit de créer dans « l'homme, pour les choses morales, un instinct « rapide qui, sans le secours tardif du raisonne-« ment, puisse le porter à faire le bien et à éviter « le mal. Or, ce qui produit ou remplace cet « instinct précieux, ce qui supplée à l'insuffisance « de l'autorité humaine, c'est le sentiment reli-« gieux qui imprime dans les âmes l'idée d'une « sanction donnée aux préceptes de la morale « par une puissance supérieure à l'homme. » (1)

La religion est non-seulement le fondement et la sanction des lois, elle est encore leur supplément, parce que la religion seule donne les premiers principes, les vrais motifs, les règles immuables de toute morale, de toute justice ; elle seule est le frein de toutes les passions ; elle extirpe tous les vices de nos âmes ; elle seule inspire, commande et produit toutes les vertus. C'est avec raison qu'un des plus grands législateurs de l'antiquité observe que quand les hommes ne seront

(1) Rapport de Robespierre.

contenus dans le devoir que par les lois et par la terreur des supplices infligés à ceux qui les transgressent, ils ne s'abstiendront que des crimes énormes et publics, et seulement par une crainte servile, et pour un certain temps. Il n'appartient qu'à la religion de faire haïr le mal et persévérer constamment dans le bien, parce qu'elle seule parle au cœur; elle seule s'insinue dans notre âme, se mêle à toutes nos pensées, à tous nos sentimens, règle, réforme, refond tout notre intérieur, parle avec autorité et d'une manière infaillible à tous les rangs, à toutes les consciences; elle seule rend infailliblement, tôt ou tard, à chacun tout ce qui lui est dû de châtiment ou de récompense; elle seule perce et dissipe toutes les ténèbres, fait toujours et partout entendre sa voix et sentir sa toute-puissante et féconde influence.

CHAPITRE IV.

RÉFLEXIONS SUR QUELQUES QUESTIONS DE JURISPRUDENCE.

Aufer impietatem de vultû regis, et firmabitur justitiâ tronus ejus.

Otez l'impiété de devant le roi, et son trône s'affermira par la justice.

Prov. ch. 25.

PREMIÈRE QUESTION. *Peut-on isoler l'ordre politique de l'ordre religieux?*

PUISQUE la religion est le fondement et le lien nécessaire de toute société, la base indispensable de toute législation, l'autorité et la sanction des lois, leur garantie, leur supplément, on ne peut isoler l'ordre politique de l'ordre religieux. L'entreprendre, c'est essayer de produire un phénomène qui n'exista, qui n'existera jamais; c'est bâtir un château en l'air; c'est lever une échelle pour monter à la lune. En croyant l'isoler, vous ne faites que le déchirer, que l'opposer à la religion, en l'armant contre elle de tous les crimes et de toutes les passions; vous placez la société politique à la tour de Babel, vous préparez les voies à l'ante-christ, et établissez autant qu'il dépend de vous l'enfer sur la terre.

Seconde question. *Qu'est-ce que dégager les actes de la vie civile de toute influence religieuse?*

C'est les dégager de toute influence morale, puisque la vraie morale ne se trouve que dans le sein de la religion. Le législateur ne peut faire abstraction des choses essentielles au corps de la société et à ses membres; or, le culte public est le premier lien, le premier devoir de la société et de ses membres. La religion est comme inhérente à presque tous les objets que règle la législation, parce qu'elle-même les ordonne ou les règle d'avance; à la législation elle-même, dont elle est comme la racine qui la soutient et la sève qui la nourrit. Les actes de la vie civile appartiennent aussi à la religion et à la loi naturelle. La loi civile ne doit que déterminer les conséquences éloignées de la loi naturelle, prescrire des formalités nécessaires ou utiles pour en assurer l'observance, prévenir les écarts des passions qui troubleraient l'ordre et la paix des familles ou de l'Etat, et maintenir dans la société la tranquillité, le repos et l'harmonie. En détruisant ou méprisant les rapports religieux, elle détruit ou corrompt les liens sociaux, les liens de la nature, elle irrite les passions, excite les divisions, et devient oppressive pour le malheur commun.

TROISIÈME QUESTION, *Que penser de ce grand principe : La loi n'est d'aucune religion?*

Cherchons d'abord ce qu'est une pareille loi, et quel nom on peut lui donner. La loi qui n'est d'aucune religion, est une loi qui ordonne ou défend quelque chose, comme s'il n'existoit point de religion dans la société. Pour elle, les mots religion de l'Etat n'ont aucune signification, ou sont synonymes de *rien.* Elle constitue, elle administre, comme si les hommes, ni la société n'avoient point de rapport avec Dieu, par conséquent, comme s'il n'y avoit point de Dieu : c'est pourquoi on a donné le nom d'*athée* à cette loi de *nouvelle espèce* conçue, promulguée, exécutée par les législateurs philosophes de ce siècle de lumière.

Mais ce mot *athée* est bien infamant, bien exécrable, puisqu'il sert à désigner une espèce de monstre plus horrible et plus dangereux que celle dont parle l'auteur du *Système de la Nature*, dont la race seroit destructive de l'espèce humaine. Tâchons donc de lui donner un nom moins effrayant et moins révoltant : mais quel nom lui donner?

1°. Nous ne pouvons pas l'appeler loi humaine, car les lois humaines, soit les lois politiques, qui fixent et règlent les rapports des nations entre elles et des hommes dans l'Etat; soit les lois civiles, qui déterminent et règlent les rapports des familles entre elles et des individus entre eux, ont, jusqu'à l'Assemblée Constituante, toujours été d'une religion, et le nom de Dieu se trouve dans tous les codes que les nouveaux constituans n'ont pas rédigés. Si nous nous transportons au-delà des siècles chrétiens, et dans la première ville du monde, son premier orateur et son premier philosophe viendra nous dire, au nom des sages de tous les pays et de tous les siècles antérieurs, que les lois ne sont point le fruit du génie de l'homme; que ni les méditations des philosophes, ni les découvertes des savans, ni les lumières et l'expérience des peuples ne sauroient les produire, mais qu'elles doivent procéder d'une loi première, immuable, éternelle, ou de la raison de Dieu même, dont les volontés sont l'ordre (1). Les lois humaines doivent donc

(1) *Cicero, de legibus*, lib. 2.

dériver de l'intelligence de Dieu, éclairant celle de l'homme et réglant sa volonté, en lui apprenant ce que nous devons faire et ce que nous devons éviter. Leur type, c'est le Décalogue, dont elles doivent être le développement et l'application, parce qu'il renferme les premiers et les vrais principes du culte de Dieu et de la société humaine.

D'un autre côté, la loi qui n'est d'aucune religion, est une loi inhumaine : car, en isolant le genre humain de la religion, seul principe de sa grandeur, de ses consolations, de sa morale, de ses espérances, de son bonheur, c'est l'exiler dans un nouveau monde inconnu jusqu'à nos jours; c'est vouloir le faire vivre hors de son élément.

2°. On ne peut pas lui donner le nom de loi politique, car le but et le propre des lois politiques est d'abord d'unir par le droit public tous les individus, et toutes les familles particulières d'un Etat en une seule famille dont le souverain est le père ; et, par le droit des gens, tous les peuples de la terre, toutes les branches du genre humain en une seule et grande famille dont Dieu est le père; ensuite, de protéger et conserver l'harmonie des relations que la nature et la religion établissent entre les citoyens, les familles et les divers peuples du monde. La loi d'aucune religion, au contraire, isole et sépare l'individu de la famille, l'homme d'avec Dieu et ses semblables : son propre est de diviser et de détruire. Par l'exclusion de l'influence religieuse dans les actes les plus importans et les plus sacrés de la vie civile, elle leur ôte, ainsi qu'aux liens de famille, à ceux de la belle nature et de la société, tout ce qu'il y a de vraiment beau, tout ce qui ravit et satisfait pleinement le cœur, tout ce qu'il y a de sublime, de vie morale et de force sur-humaine. Par l'indifférente et stupide admission de tout culte, de toute secte, de toute opinion, elle introduit dans la société toutes sortes d'extravagances, de superstitions, de fanatismes et jette partout le brandon de la discorde et de la guerre civile.

3° Mais ne pourroit-on pas l'appeler loi nationale, puisque c'est en invoquant le grand mot de *nation*, de grande nation même, qu'on l'a forgée? Non, car la nation qui gémit, qui souffre et périclite sous une pareille loi, qu'en punition de son orgueil, elle a reçue de quelques individus qu'elle désavoue, et qui sont la honte de l'humanité, soupire après le moment où elle en sera délivrée ; d'un autre côté la nation française est catholique ; le beau royaume de France est appelé par excellence le royaume très-chrétien. Il naquit catholique il y a environ un millier et demi de siècles, et il n'a grandi, il ne s'est si bien perfectionné dans tous les genres, dans les sciences, dans les lettres, et dans les arts, que par la religion catholique, sans laquelle il semble ne pouvoir exister; et une nation qui ne seroit d'aucune religion, seroit une nation séparée de tous les autres peuples, elle n'auroit plus de droit des gens, elle formeroit une nouvelle espèce d'hommes.

4.° Populaire, populaire, voilà le nom qui lui convient, dira-t-on, puisque par toutes les lois athées on invoque la souveraineté du peuple pour l'opposer à celle de Dieu qu'on rejette. Mais avec cette chimère de la souveraineté du peuple, on ne peut plus faire fortune aujourd'hui. On a trop souvent et trop bien démontré l'absurdité de ce dogme à la fois impolitique et impie; et l'expérience a déjà montré et montre tous les jours ses affreuses conséquences bien mieux que ne pourroient le faire tous les théologiens et tous les jurisconsultes du monde avec leurs plus beaux raisonnemens. D'ailleurs, le peuple a une religion, en a grand besoin et n'est gouverné que par elle. Et certes, par les grands maux qu'elle produit, la loi d'aucune religion est plutôt *anti-populaire* que populaire.

5.° Enfin l'appellerons-nous indifférente? N'être d'aucune religion, c'est en effet porter l'indifférence aussi loin que possible. C'est la porter envers un objet sur lequel tout repose, auquel tout se rapporte, et sans lequel le monde moral ne peut pas plus exister que le monde physique sans le mouvement. Mais un pareil objet ne comporte point l'indifférence. Il faut nécessairement être pour ou contre. L'indifférence en ce point pour tout admettre, ou tout rejeter également, ou ne s'occuper de rien, est le comble de la dépravation et de l'absurdité.

Nous désignerons donc cette *sorte de loi*, faite par l'homme et pour l'homme terrestre pour l'attacher à la glèbe et le ramener peu à peu à se nourrir de gland, *loi de l'homme*: on ne trouve point d'autre nom qui lui convienne en lui ôtant celui *d'athée*. Que sera donc cette *loi de l'homme*?

Considérée dans son origine, elle est dans ceux qui la fabriquent et l'imposent, une usurpation des droits de Dieu envers nous. C'est à cause de sa bonté, de sa sagesse, de sa puissance, de son souverain domaine, que Dieu nous donne des lois et nous gouverne. On substitue à cette bonté, à cette sagesse infinie d'où dérive toute bonté et toute sagesse, l'opinion et le caprice du moment, fruit de l'orgueil et de l'ignorance. On décrète qu'on ne veut plus que la Sagesse éternelle, que le Dieu tout bon règne sur nous, parce qu'on n'aime pas sa sainteté, et on craint trop sa justice ; on se lève, on lui dit : « nous t'avons chassé « de nos cœurs, nous avons démoli ou profané « tes autels, retire-toi, nous ne voulons plus te « reconnoître. » Vite quelques hommes se mettent à sa place, et quels hommes, grand Dieu ! Dans leur fol orgueil, ils croient l'avoir détrôné ; ils regardent comme leurs ennemis naturels, ceux qui l'aiment encore, qui lui sont restés fidèles et veulent lui rendre hommage. Pleins de haine contre eux, ils voudroient les exterminer, afin de consolider leur usurpation, tout niveler à leur *hauteur*, et se faire un nouveau peuple tout exprès pour eux. S'ils l'osent et se croient assez forts, ils l'entreprennent avec rage. S'ils ne l'osent ou ne le peuvent, ils emploient pour les corrompre ou les détruire peu à peu, tous les moyens que leur inspirent leur orgueil, leur malice et l'enfer dont ils sont les suppôts.

Considérée dans la société, cette loi est l'exercice injuste et tyrannique de la loi du plus fort. Un peuple à qui on la présente, est un peuple à qui on propose de choisir entre Dieu et Bélial ; celui qui la reçoit, un peuple qui, par corruption et par orgueil, abandonne Dieu pour se livrer aux puissances des ténèbres, aux princes du désordre et de la dépravation. Un gouvernement qui s'établit sur une pareille base, n'a point de durée : c'est une tempête qui s'élève et passe, un ouragan qui se dissipe avec le nuage qui le porte et par la dissolution des élémens qui l'ont formé.

Quel est son but? Les lois civiles doivent avoir pour but l'ordre et le bien de la société, ne rien renfermer qui ne s'y rapporte, empêcher que ses membres n'en troublent la paix et ne nuisent au bien général, prévenir et réprimer la licence et les injustices, protéger la liberté, l'honneur, les biens, la vie des citoyens. Et cette loi, acte et principe de désordre, le propage partout; dénaturant tout, elle proclame et consacre la licence sous le nom de liberté, et sa promulgation, semblable à la boîte de Pandore, est l'effusion de tous les maux. Mais dans la boîte de Pandore, du moins, il resta l'espérance, tandis qu'avec cette loi, il ne reste rien ; elle ôte au malheureux toute consolation et toute espérance, en lui ôtant la religion, qui en est la source.

Qu'est-elle dans ses effets ? On le voit déjà. Elle est injuste, atroce et absurde. Chaque citoyen peut répondre à ceux qui nous l'imposent et veulent nous commander et gouverner au nom et par la grâce d'une pareille loi : « Qui vous a

« établis nos maîtres et nos juges? Qui vous a « donné droit sur mes biens, ma liberté et ma « vie, que j'ai reçus de mon Créateur, que je n'ai « pu recevoir que de lui? C'est lui qui m'a donné « à mes parens, à ma patrie; c'est par la religion « qu'il m'apprend à les honorer, à les aimer et « comment je dois les servir. Et vous, qui êtes-« vous? D'où tenez-vous une autorité si arbi-« traire et si absolue? De qui avez-vous reçu votre « mission, et comment la prouvez-vous? Où sont « vos titres? Qu'est-ce qu'il y a dans mes biens « qui vous appartienne? Les uns, je les ai reçus « de la nature, ou plutôt de son Auteur, par les « parens, dont il a voulu se servir pour me don-« ner le jour et pourvoir à tous les besoins de mon « enfance; les autres sont le fruit de mon génie « ou les productions de mon industrie, que j'ai « également reçus de celui de qui procèdent tous « les dons. Il m'ordonne, à la vérité, de rendre « à César ou au Roi ce qui lui appartient, l'im-« pôt à qui je dois l'impôt, le tribut à qui je dois « le tribut, l'honneur à qui je dois l'honneur, et « je sais que je dois à ma patrie, à mon roi, le « sacrifice de mes biens et de ma vie. Mais vous, « d'où venez-vous? Qu'avez-vous à réclamer sur « mon existence, indépendante même de ma « volonté? Vous n'avez de pouvoir qu'autant qu'il

« vous a été donné d'en haut et du souverain « Maître. Si vous commandez en votre nom, c'est « qu'il ne vous envoie pas pour régner sur nous, « mais pour courir parmi nous comme la foudre « et son fléau. Ainsi courut autrefois Nabucho-« donozor à Tyr et en Egypte; ainsi courut, plus « tard, dans la vieille Europe, Attila, déclarant « sa mission en se nommant le fléau de Dieu. « Votre mission finie, vous rentrerez dans le « néant d'où vous êtes sortis. Le Très-Haut a « peut-être résolu de détruire les puissans du « siècle qui ont secoué son joug, et se sont ligués « avec vous pour nous soustraire à son empire « et d'élever des humbles à leur place : mais les « humbles qu'il aura trouvés selon son cœur et « choisis pour régner sur son peuple, ne comman-« deront qu'en son nom, sauront qu'ils ne doivent « et ne peuvent régner que par lui. »

Voyez, enfin, combien cette loi est absurde, contradictoire, et comment elle se détruit elle-même. « Elle respecte, nous dit-on, scrupuleusement la liberté de conscience, consacre les croyances de chaque citoyen et tous les actes qui peuvent être une conséquence de quelque croyance. » Elle ne peut donc rien exiger de ce qu'elle commande, puisque, dans son hypothèse, il n'y a rien qu'on ne puisse refuser sous prétexte de liberté de conscience ; elle ne peut rien prohiber, puisque, dans son sens, il n'y a aucun acte qui ne puisse être une conséquence de quelque croyance particulière, et que, par conséquent, elle ne doive respecter ; elle devroit donc respecter les prostitutions, les sacrifices humains, tous les excès, toutes les folies du paganisme, si leurs fanatiques ou leurs adeptes s'avisoient de les renouveler parmi nous. Et comme cela n'est à craindre que de leur part ou des leurs, c'est bien peut-être pour en venir là....

Mais, génies transcendans, qui seuls avez pu inventer une pareille loi, et qui la défendez avec tant d'ardeur, la comprenez-vous bien? Dans vos savantes théories, dans vos éloquentes dissertations, vous entendez-vous, vous comprenez-vous du moins vous-mêmes? Que prétendez-vous donc par votre loi d'aucune religion? vous voulez sûrement de ces trois choses l'une : ou proscrire tout culte, tout acte religieux, ou les permettre et admettre tous tels qu'ils sont réglés par chaque secte, ou bien vous voulez vous-mêmes les régler tous. Mais savez-vous bien que, dans le premier cas, vous ne respectez plus la liberté de conscience ; vous ne respectez rien, vous vous déclarez contre tous les hommes qui n'ont pas renié la conscience, renié l'humanité, renié Dieu et contre Dieu lui-même. Dans le second cas, votre loi est une dérision ou un moyen d'autoriser et de fomenter tous les genres de fanatisme, de superstitions et d'extravagances, et d'en garantir l'impunité. Dans le troisième, vous vous établissez les tyrans et les bourreaux de toutes les consciences, vous vous constituez, par votre propre autorité, les juges suprêmes et infaillibles de tous les cultes, de la divinité elle-même : ce qui n'est autre chose que le dernier excès du délire de l'orgueil et de la folie.

CHAPITRE V.

UN MOT SUR LA JUSTICE.

> Aimez la justice, vous qui êtes les juges de la terre.
>
> *Au livre de la Sagesse.*

La justice est une forte colonne sur laquelle doit nécessairement reposer tout édifice social. Il est impossible de l'élever et de le soutenir, après l'avoir élevé, ailleurs que sur cette colonne. Cette colonne doit, à son tour, être soutenue et élevée par la religion ; la religion seule peut lui servir de base et fournir les matériaux qui la rendent inébranlable. Peut-être seroit-il plus facile de faire vivre le poisson hors l'eau que de conserver la justice hors le sein de la religion. Une chose peut périr dans l'élément qui lui est propre; mais elle ne peut vivre dans un élément opposé. Le poisson ne peut vivre dans le feu. On peut, malheureusement, être injuste en professant la vraie religion, parce qu'on peut abuser de tout, même de ce qu'il y a de plus saint et de plus précieux; mais on ne peut pas être juste dans l'irréligion ou dans l'inpiété.

La justice doit être dans les tribunaux, dans les administrations, dans les contrats.

Les procureurs, les avocats, les avoués en sont les défenseurs; les juges en sont les dépositaires et les protecteurs au nom du Souverain. Tous les administrateurs et fonctionnaires publics en doivent être les premiers observateurs.

La justice, fille et compagne inséparable de la foi, subit son sort et partage ses destinées sur la terre. Si la vérité, qui se nomme foi, dans la religion, à cause des nuages mystérieux et transparens dont elle s'environne pour se communiquer aux foibles mortels, qui ne pourroient peut-être la fixer sans cet intermédiaire, est bannie de nos temples et de nos âmes par l'orgueil et les passions, la justice, qui est la première vérité ou foi pratique, est aussitôt chassée de nos palais, de nos demeures, de nos contrats et de nos lois. Il est prouvé, par l'expérience des temps passés et du temps présent, de ce qu'on voit loin de nous et près de nous, que c'est surtout là où elle devoit trouver plus d'observance, plus de sûreté, plus de respect, plus de défense et de protection, qu'elle est alors plus transgressée, violée, méprisée, foulée aux pieds. Où en sommes-nous aujourd'hui? Un homme d'Etat va nous le dire : « Jadis on « plaçoit dans le sanctuaire de la justice l'image « du Dieu des Chrétiens. Le crucifix rappeloit « à la fois, la loi, le législateur, le juge et le jugé. « En présence de cette redoutable image et, pour « ainsi dire, sous les yeux de ce Christ qui doit « un jour se montrer à la droite du souverain « arbitre, quel juge eût été prévaricateur, quel « magistrat eût osé apposer le sceau à un acte « inique? Les temps sont changés : aujourd'hui, « c'est le *ministre de la justice* qui combat jus- « qu'au nom de la religion, qui écarte de nos « transactions politiques la règle divine, comme « peu nécessaire, sans doute, aux règles hu- « maines. » (1)

(1) Châteaubriand, de l'Université et de l'Ecole de Droit, en 1819.

Cependant, lorsque l'iniquité est assise dans les tribunaux et dans les administrations, la législation, quelque bonne qu'elle soit d'ailleurs, devient stérile et nulle dans ses résultats. Alors l'homme cherche sa sûreté partout, et ne la trouve nulle part; on ne reconnoît, on ne craint d'autre loi que celle de la force, ni d'autre tribunal que celui de l'intérêt; l'édifice social s'écroule peu à peu : la fourberie se glisse partout; bientôt il n'y a plus que deux classes d'hommes: les trompeurs et les trompés, les fourbes et les dupes. Cet état ne peut durer long-temps, et il arrive nécessairement de deux choses l'une : les premiers, ou les fourbes, poursuivant audacieusement leur course, achèvent d'écraser les derniers pour se dévorer entr'eux en se disputant leurs dépouilles, et la société finit; ou bien les derniers s'avisent, se réunissent pour consacrer leurs biens, leurs talens et leurs personnes à la défense de la justice et de la religion, sans lesquelles ils ne peuvent rien conserver ni se conserver eux-mêmes. Si le trône, tribunal suprême et premier rempart de la justice sur la terre, s'ébranle, ils se lèvent, se rallient autour de lui pour le soutenir, et combattent pour défendre, avec les droits du Souverain, leurs biens, leur honneur et leur vie; si les passions et les intérêts de la terre ne les divisent point, s'ils persévèrent dans la défense d'une cause si juste et si sainte, ils triomphent, et l'Etat est sauvé : la société ébranlée se raffermit sur ses anciennes bases ; la prospérité et le bonheur recommencent.

Seroit-ce par hasard la position où se trouve la France, où se trouve l'Europe, où se trouve le genre humain ? Est-ce de là que vient cet esprit d'innovation, d'agitation, d'inquiétude et de soulèvement qui ébranle aujourd'hui tous les peuples ? Je ne me permets pas de répondre ; mais je dois dire que la religion et les bonnes mœurs font aimer, font observer la justice, comme l'irréligion et le libertinage la font haïr et mépriser. On meurt pour la justice comme pour la vérité. Quatre vertus ont leurs martyrs : la foi, la justice, la pureté et la charité.

CHAPITRE VI.

DU FONDEMENT DE LA MORALE.

Deus, Deus meus, ad te de luce vigilo :
Sitivit in te anima mea.

Ps. 62.

LE premier fondement de la morale est Dieu, d'où dérive toute vérité, tout ordre, toute sagesse, toute justice, toute sainteté; Dieu qui, par son Verbe éternel, par sa lumière increéée, éclaire tout homme venant en ce monde, vivifie, féconde toutes les intelligences, et hors duquel on ne peut que s'égarer et périr dans les ténèbres de l'erreur et de l'ignorance; Dieu que tous les peuples et tous les hommes, depuis l'origine du monde, ont connu, adoré, invoqué comme le créateur et souverain modérateur de l'univers, le roi, le suprême législateur de toutes les intelligences et de toutes les sociétés, l'être parfait, éternel, infini, dans lequel nous vivons comme dans un océan sans fond et sans bords. Cette adoration, cette invocation universelle, par laquelle tous les peuples, tous les hommes, sans distinction de mœurs, de civilisation, de culte ou de philosophie sont rendu témoignage à l'unité de Dieu, à l'éternité de son existence, à la perfection de son être, à sa toute-puissante et inépuisable bonté, est l'expression de leurs sentimens les plus vifs, les plus nobles et les plus naturels. Ce cri : ô mon Dieu! ô grand Dieu! ô bon Dieu! n'est-il pas la prière de leur cœur, dans les grands périls, les grands revers où tout secours humain s'évanouit à leurs yeux? N'est-il pas le premier mouvement, le premier élan de leur âme, le cri d'une adoration profonde, de l'admiration ou de la reconnoissance à la vue d'un grand prodige, d'une merveille surnaturelle, d'un événement extraordinaire et inattendu, d'un nouveau et ravissant spectacle? N'est-ce pas attester par ce premier mouvement involontaire que notre âme ne peut pleinement se reposer, se confier qu'en Dieu seul, son centre unique, le principe, le dispensateur de tous les biens et dont la providence s'étend à toutes choses? Ils rendent en même temps témoignage au commandement que Dieu nous fait, d'être bons, justes et saints comme lui en reconnoissant le besoin de l'innocence, de la pureté des mœurs, de la probité, de la vertu, pour lui être agréables, pour avoir accès auprès de lui et en être favorablement exaucés. On en trouve des vestiges dans toutes les nations et jusque chez les peuples les plus corrompus, qui s'étoient forgés des dieux subalternes protecteurs de leurs vices et de leurs passions. Ainsi les anciens Grecs mêloient toujours à leurs fêtes religieuses des groupes de jeunes enfans, afin de rendre la divinité plus favorable à la patrie par le spectacle de l'innocence. Et n'est-ce pas en faveur de cette innocence des enfans que Dieu accorda autrefois à Ninive le temps de se repentir et de prévenir sa destruction? Sur une tablette suspendue à l'entrée du temple de Delphes on lisoit ces mots tracés en gros caractères: QUE PERSONNE N'APPROCHE DE CES LIEUX s'il n'a pas les mains pures. Au-dessus de la porte du même temple étoit un mot sublime, par lequel on reconnoissoit et adoroit le Jéhova des Hébreux, le Dieu inconnu d'Athènes dans qui nous avons notre vie, nos facultés et nos mouvemens: ce mot signifioit en notre langue, VOUS ÊTES. En parlant ainsi à Dieu n'est-ce pas lui faire l'humble aveu de notre néant et reconnoître qu'à lui seul l'existence appartient et lui est essentielle?

Interrogez les philosophes, les sages de l'antiquité, demandez-leur qu'est-ce que Dieu? ils vous répondront que « Dieu est le créateur de « l'univers, qu'il a tiré du néant, par un effet de

« sa bonté. Il est éternel, immuable, incom-
« préhensible; mais il a parlé clairement par ses
« œuvres, et ce langage a le caractère des grandes
« vérités, qui est d'être à la portée de tout le
« monde. De plus vives lumières nous seroient
« inutiles, et ne convenoient sans doute ni à son
« plan, ni à notre foiblesse : il faut l'honorer par
« des sacrifices, par des hommages publics et
« solennels, mais surtout par la pureté du cœur.
« Il se laisse plutôt fléchir par la vertu que par
« les offrandes; et comme il ne peut y avoir au-
« cun commerce entre lui et l'injustice, il fau-
« droit arracher des autels les méchans qui y
« trouvent un asile. C'est pour cela que dans
« quelques cérémonies le prêtre demande : *Qui*
« *est-ce qui est ici*? Et les assistans répondent
« de concert : ce sont tous gens de bien. Il ne
« faut point lui demander les biens de la terre,
« parce que nous ignorons s'ils ne nous seroient
« pas nuisibles, mais de nous protéger contre
« nos passions; de nous accorder la vraie beauté,
« celle de l'âme; les lumières et les vertus dont
« nous avons besoin; la force de ne commettre
« aucune injustice et surtout le courage de sup-
« porter quand il le faut l'injustice des autres.
« Pour lui être agréable il faut se tenir en sa pré-
« sence, ne rien entreprendre sans implorer son

« secours, s'assimiler en quelque façon à lui par « la justice et par la sainteté, lui rapporter toutes « nos actions; remplir exactement les devoirs de « son état et regarder comme le premier de tous « celui d'être utile aux hommes : car plus on « opère le bien, plus on mérite d'être mis au « nombre de ses enfans et de ses amis. Alors on « sera heureux, parce que le bonheur consiste « dans la sagesse, et la sagesse dans la connois- « sance de Dieu. Cependant notre bonheur ne « sera parfait que dans une autre vie; car, après « notre mort nos âmes comparoissent dans le « champ de la vérité, et rendent compte de leur « conduite au souverain juge, pour recevoir la « récompense de leurs bonnes actions et de leurs « vertus, ou la punition de leurs crimes. »

Voilà ce qu'enseignoient les plus grands philosophes et les plus beaux génies de l'ancienne Grèce et de l'Inde. L'histoire nous offre un trait remarquable de ce témoignage que la conscience de l'homme rend malgré lui à la sainteté de Dieu, et à l'obligation de l'honorer et de l'imiter par une vie pure et innocente, si nous voulons qu'il nous protége et nous favorise. Albukerque, si célèbre dans les Indes par sa bravoure et ses exploits, qui avoit fait trembler tant de princes sur leurs trônes, et bravé tant de dangers au milieu des combats, se trouve au moment d'être englouti par les flots, au milieu des vastes mers du Sud. La tempête est horrible, les vents sont déchaînés, la foudre étincelle dans les cieux et autour du vaisseau : le grand Albukerque tremble; sa conscience le trouble, le désespère, en se voyant sur le point de paroître devant le souverain juge; tout-à-coup ses regards mal assurés s'arrêtent sur un enfant à la mamelle qu'une femme de l'équipage reposoit sur son sein abattu. A cette vue, sa confiance se ranime, son âme s'élève, il prend cet innocent dans ses bras, il le place entre lui et la foudre, et s'écrie : « O Dieu! en faveur de l'innocent, par« donne au coupable. » Et nous aussi, chargés d'injustices et de profanations, placés sur un frêle vaisseau agité par d'horribles tempêtes, menacés par la foudre qui gronde tout autour de nous, nous apercevons, sur le sein abattu d'une héroïne, un royal enfant *qui nous est né à tous* et que le vainqueur des enfers couvre de son égide; à cette vue, notre confiance se ranime, nos idées s'agrandissent, se fixent, notre âme s'élève, nous nous écrions: « O Dieu! en faveur de l'innocent, « pardonne aux coupables. »

CHAPITRE VII.

DU PREMIER PRÉCEPTE DE LA MORALE.

Dixit insipiens in corde suo : non est Deus.
Ps. 52.

Le premier précepte de la morale, le premier caractère de la vertu est de reconnoître, aimer, adorer Dieu comme le premier principe et la dernière fin de notre existence, et de lui obéir comme à notre premier père, à notre premier roi. C'est ce qu'ont reconnu les sages de tous les siècles. « Craignez Dieu, et soyez le religieux observateur de son culte, disoit Isocrate au jeune Dœmonien : c'est le premier précepte de la sagesse, c'est le sommaire de tous les devoirs. Rien ne pourra altérer l'intégrité de vos mœurs aussi long-temps que vous y serez fidèle. »

L'ignorance du vrai Dieu est, selon Platon, la peste la plus dangereuse de tous les Etats. Dieu, dit-il ailleurs, est la mesure de chaque chose. Rien de bon ni d'estimable dans ce monde que ce qui a quelque conformité avec lui. Il est souverainement sage, saint et juste; le seul moyen de lui ressembler et de lui plaire est de se remplir de sagesse, de justice et de sainteté. On lit dans les *Devoirs de l'Homme et du Citoyen*, par Puffendorf :

« Chacun doit, avant toutes choses, être bien « persuadé qu'il y a un Dieu, c'est-à-dire un « premier être intelligent existant par lui-même, « de qui toutes choses dépendent comme de leur « première cause, et qui ne dépend que de lui-« même. Quiconque nie l'existence d'un tel être, « se rend coupable d'athéisme, et il ne lui sert « de rien d'alléguer pour excuse qu'il n'est point « en état de comprendre la force des raisons « dont on se sert pour prouver qu'il y a un Dieu : « car, le genre humain étant, de temps immémo-« rial, en possession perpétuelle de cette créance, « si quelqu'un s'avise de la combattre, il faut « non-seulement qu'il détruise d'une manière « solide et convaincante toutes les preuves du « sentiment commun, mais encore qu'il apporte « des raisons plus plausibles en faveur du sen-« timent particulier qu'il veut établir. Et comme « on a cru jusqu'ici que la conservation et le « bonheur du genre humain dépendent de la « persuasion de cette vérité, il doit faire voir en « même temps, que l'athéisme est plus utile à la

« société humaine que le véritable culte de la « Divinité. Ce qui étant impossible, il faut re- « garder avec une souveraine horreur, et punir « des plus rigoureux supplices, l'impiété de ceux « qui tâchent d'ébranler ou de détruire, de quel- « que manière que ce soit, la croyance reçue de « l'existence de Dieu. » Cette impiété n'est-elle pas, en effet, le plus grand outrage fait à la morale publique, à la société toute entière, et à chaque citoyen, puisqu'elle attaque, et, autant qu'il est en son pouvoir, renverse le premier fondement, la première règle de toute vraie morale, le premier caractère de la vertu; sa vie, sa force, son premier motif; sa consolation, ses délices dans les épreuves, et sa récompense; puisque par-là elle tarit pour la société, pour les familles et les particuliers, toutes les sources de prospérité, de paix et de bonheur; puisqu'elle fait tant d'efforts pour tout confondre, tout détruire, tout jeter dans le néant qu'elle invoque aussi pour elle, afin de ne pas tomber entre les mains de ce Dieu vivant dont elle ne révoque en doute l'existence que parce qu'elle redoute sa justice inexorable? Les nations qui écoutent et flattent ces faux docteurs, que font-elles que nourrir et caresser des monstres qui doivent les dévorer?

Toutes les fois que Dieu n'occupe pas le premier rang dans notre cœur pour y régner en souverain, notre cœur devient un chaos par ses illusions et ses ténèbres, un abîme effroyable par ses misères et ses désordres. Alors tous les liens de la nature et de la société se rompent; les hommes sont en proie à tous les genres d'infidélités, de fourberies, de cruautés, de fanatismes et d'abominations. C'est ce que nous voyons aujourd'hui, c'est ce qu'on a reconnu, et ce qu'on a vu surtout dans tout les temps.

Des individus peuvent à la vérité professer l'athéisme, et même paroître extérieurement justes et bons en le professant, parce qu'en entrant dans la société, « ils entrent dans un ordre de « choses établi à la naissance même du corps « social, sur la croyance et le sentiment de la « divinité, croyance dont les lois qui le protègent, « les mœurs qui le contiennent, les coutumes qui « l'entraînent, ont reçu leur force et leur direction. « Un homme peut même penser en lui-même, « sans danger pour la société, que Dieu n'existe « pas; et pourvu qu'il ne soit pas appelé au gou« vernement des autres, ou à leur instruction, « ses sentimens particuliers n'auront aucune in« fluence sensible sur l'ordre public. Un homme qui « nie le mouvement de la terre, n'empêche pas

« pour cela qu'elle ne tourne et ne l'entraîne lui-
« même dans son mouvement; et tant qu'il n'est
« pas chargé d'enseigner la physique, ses opi-
« nions ne sont d'aucune conséquence: mais la
« croyance de la divinité et le culte qui en est
« la suite, sont nécessaires, rigoureusement né-
« cessaires à la société. (1) » Les sociétés ne peuvent donc jamais professer l'athéisme. On peut introduire parmi les peuples le polithéisme et l'hérésie, mais non l'athéisme; parce que dans le polithéisme et dans l'hérésie il reste encore des vérités cachées par les nuages de l'erreur, et qui percent plus ou moins à travers ces nuages pour éclairer la société et les individus. Dans l'athéisme, il n'y a que les profondes ténèbres du chaos. Il y a encore des devoirs dans le polithéisme et dans l'hérésie, des récompenses pour la vertu, des châtimens pour le vice dans une autre vie, l'espérance pour tout concilier, pour récompenser tous les sacrifices, tout placer dans l'ordre; la législation a une sanction divine, la morale un fondement inébranlable, la fidélité et le serment une sûre garantie. Il n'y a rien de tout cela dans l'athéisme. Les passions même en perdant leur frein et leurs règles, cessent en quelque sorte

(1) De Bonald, Rech. philos.

d'être passions pour devenir instincts brutaux, ou fougueux délires; cet instinct ou ce délire est toute sa morale, toute sa loi; l'orgueil qui en est le principe en est aussi la sanction.

L'Angleterre a existé pendant trois siècles en abandonnant la religion catholique seule véritable, parce qu'elle n'a abandonné qu'en partie la vérité et la justice. Le soleil de justice, la vraie lumière a continué de l'éclairer par les dogmes et la morale qu'elle en a conservé dans le schisme; et parce que la vraie religion est toujours demeurée dans l'île parmi les catholiques d'Irlande et d'Angleterre, elle tend vers sa ruine à mesure qu'elle perd ou qu'elle abandonne les vérités qu'enseigne l'Eglise catholique. C'est en rentrant dans son sein que peuvent se sauver aujourd'hui les peuples dégénérés et égarés par les mauvaises doctrines.

CHAPITRE VIII.

PRÉCIS DES RÈGLES DE LA MORALE DE L'ÉGLISE CATHOLIQUE.

Les enfans de la sagesse forment l'assemblée des justes, et le peuple qu'ils composent n'est qu'obéissance et amour.

Ecclésiastique.

Les bornes que nous nous sommes prescrites, ne nous permettent pas de montrer ici, dans toute son étendue, les précieux avantages, la beauté, l'excellence et la sublimité de la morale que l'Eglise catholique enseigne à ses enfans ; il faudroit pour cela plusieurs volumes. Ce sujet est, d'ailleurs, traité assez souvent aujourd'hui sur les chaires chrétiennes par des orateurs distingués, et se trouve développé dans la plupart des meilleurs ouvrages écrits, soit en faveur du christianisme en général, soit en faveur de l'Eglise catholique. Saint-Charles dit qu'il suffit d'exposer la religion telle qu'elle est pour en faire connoître la nécessité ; nous ajouterons, et pour en montrer la beauté et en faire sentir la céleste influence et les inappréciables bienfaits. Mais il ne nous est pas permis non plus de l'exposer ici toute entière; nous nous bornerons donc à en donner un précis extrait en grande partie des mœurs de l'Eglise par Saint-Augustin, un des plus vastes et des plus profonds génies qui aient paru dans le monde.

« La règle de vie qui a été donnée à tous les chrétiens, dit le grand Augustin, et qui comprend la loi et les prophètes, est d'aimer le Seigneur Dieu de tout notre cœur, de toute notre âme, de tout notre pouvoir et notre prochain comme nous-mêmes. C'est aussi ce que vous enseignez à vos enfans, sainte Eglise catholique, véritable mère des chrétiens, interprète et dépositaire toujours fidèle de la saine doctrine. Vous nous ordonnez de servir avec un cœur pur et d'honorer par un culte saint et légitime un seul et unique Dieu, auquel seul l'homme doit une soumission pleine et absolue, avec qui il doit demeurer toujours uni par une libre dépendance, une consécration entière de sa vie et de son âme, et un amour sans réserve et sans partage qui règle tous ses sentimens et toutes ses affections. Cette union est tellement le principe de notre bonheur, que sans elle l'âme ne peut qu'être et devenir de plus en plus malheureuse. Vous avez soin d'éloigner de la nature divine essentiellement incorruptible, immuable, éternelle, tout ce qui est créé, corruptible, susceptible de vicissitude et de changement. Mais vous ne confondez point ce qu'il y a de distinct dans cette nature unique et ineffable, l'éternité, la vérité et la paix; cette auguste Trinité de personnes admissible dans la nature divine, parce qu'elle est infinie, et que la révélation nous l'enseigne. Après avoir établi cette obligation fondamentale de l'honnête homme et du chrétien, vous nous ordonnez aussi d'aimer le prochain, et savez si bien régler cet amour, que tout ce qui peut être désirable pour la guérison des diverses maladies que le péché a introduites dans nos âmes, se trouve chez vous avec abondance et dans la dernière perfection.

Vous savez former les hommes par des enseignemens et des exercices proportionnés aux forces et à l'âge de chacun : mais vous avez plus d'égard à l'âge que la grâce mesure par les divers degrés de l'avancement de l'âme qu'à celui que nous calculons par le nombre des années ; vous avez égard aussi aux différentes trempes d'esprit, à toutes les nuances de caractère, aux diverses fonctions de la vie sociale et aux voies si différentes par lesquelles l'Esprit-Saint conduit les âmes. Ainsi vous formez ceux qui parmi vous sont au rang des enfans par des instructions et des pratiques simples et faciles, ceux que vous voyez être parvenus à la maturité de l'âge par des exercices plus forts, des instructions plus élevées données avec une vigueur pleine de douceur et de fermeté, et vos vieillards par les lumières pures et tranquilles de la sagesse données avec une sainte gravité.

Vous soumettez les femmes à leurs maris, en les obligeant de leur rendre les devoirs d'une chaste et fidèle obéissance, non pour assouvir leur passion, mais pour mettre des enfans au monde et pour gouverner leur famille. Vous donnez aux maris autorité sur leurs femmes, non pour abuser de la foiblesse de leur sexe, mais pour les gouverner selon les règles d'une pure et sincère affection.

Vous assujétissez les enfans à leurs pères par une servitude toute libre et pour leur propre avantage. Ainsi, l'empire que vous donnez aux chefs de famille sur leurs descendants, est un empire de douceur et de bienveillance.

Vous tenez les frères bien plus étroitement unis par les liens de la religion que par ceux du sang; vous liez d'une amitié réciproque ceux qui sont liés par la parenté ou par l'alliance, ou même par le seul voisinage, conservant et fortifiant ainsi l'union des cœurs, l'union de la nature et de la société; vous enseignez aux serviteurs à s'attacher à leurs maîtres, pas tant par la nécessité de leur condition que par amour de leurs devoirs, qui les porte à les servir avec plaisir, et par cet esprit qui vous est propre, par lequel vous faites envisager, à chacun de vos enfans, la condition où il se trouve, comme toujours la plus avantageuse et souvent la plus glorieuse pour lui aux yeux de Dieu, quoiqu'elle ne le soit pas aux yeux des hommes; vous obligez leurs maîtres de les traiter avec douceur, en considération de notre maître commun, qui est Dieu; et lorsqu'ils sont fidèles à vos préceptes et à vos leçons, ils ont bien plus de penchant à leur faire du bien, à les instruire, à les reprendre avec douceur qu'à les traiter sévèrement et à les reprendre avec humeur ou dureté.

Vous unissez les citoyens avec les citoyens, les peuples avec les peuples, les hommes avec les hommes, non-seulement par une société mutuelle, mais par une espèce de fraternité, en mémoire des premiers pères dont ils sont tous descendus; vous apprenez à tous les hommes tout ce qu'ils se doivent réciproquement; vous enseignez avec soin qui sont ceux que l'on doit honorer, que l'on doit respecter, que l'on doit craindre, que l'on doit aimer particulièrement, que l'on doit, ou instruire, ou exhorter, ou reprendre, ou corriger, ou punir; et en nous apprenant qu'on ne doit pas les mêmes choses à tous, vous nous rappelez, sans cesse, qu'on doit la charité à tous sans exception et ne jamais causer d'injustice à personne.

Vous dites aux rois, aux chefs des peuples :

Ecoutez, vous qui commandez à la multitude, et qui voyez avec complaisance un grand peuple soumis à vos lois; vous êtes les ministres du Dieu vivant dans l'ordre civil et temporel, comme mes pontifes sont ses délégués et ses ministres dans l'ordre spirituel. C'est de lui seul que vous tenez vos droits et votre puissance. En vous faisant participer à son souverain domaine, il vous a établis au-dessus des autres hommes, pour les contenir dans la subordination et dans le devoir. Mais il est toujours au-dessus de vous comme le roi des rois, le seigneur des seigneurs, comme le suprême modérateur et dominateur des nations et des mondes. Vous lui rendrez compte de votre gouvernement et de votre administration; vous paroîtrez bientôt à son tribunal pour être récompensés ou punis, selon le bon ou mauvais usage que vous aurez fait de l'autorité qu'il vous a confiée. Vous subirez même un jugement plus rigoureux que le reste des hommes, vous tous qui présidez les assemblées des peuples et des nations. On a plus de clémence et de compassion pour les foibles; mais les puissans seront puissamment tourmentés.

C'est par lui, c'est par sa grâce que vous régnez, et par un droit inaliénable de votre souveraineté, vous êtes les conservateurs du bon ordre, les protecteurs nés de la justice et de la vertu, vous devez par conséquent exercer ici-bas sa justice en punissant les crimes publics qui troublent l'ordre de la société, la paix des familles et des Etats, et les écarts des impies qui sont l'opprobre et les plus grands ennemis de la société et du genre humain. Votre pouvoir s'étend sur les corps comme celui des pontifes sur les âmes. Un roi sage se sert de ce pouvoir pour dissiper les méchans. Si vous les épargnez, vous leur devenez semblables en nuisant aux bons. Apprenez du Seigneur à être doux, débonnaires, et miséricordieux, mais à son exemple ne pardonnez qu'au repentir, de peur que votre indulgence pour les rebelles et pour les traîtres ne devienne injustice pour les gens de bien, et quelque chose de plus pour vos fidèles serviteurs. Prenez garde que les actes émanés de votre autorité n'aient rien de contraire aux lois de Dieu et de son église. Comme vous ne pouvez tout faire par vous-mêmes, et que vous êtes obligés d'employer divers officiers pour vous aider dans le gouvernement de vos Etats, et dans la justice que vous devez à tous vos sujets, examinez autant que vous pourrez ceux qui vous approchent, et prenez conseil de ceux qui sont sages et prudens.

Vous dites aux peuples, en leur apprenant leurs devoirs envers les souverains :

Soyez soumis pour l'amour de Dieu, à tout homme qui a autorité sur vous, soit au Roi, comme au souverain, soit aux gouverneurs, comme à ceux qui sont envoyés de sa part pour punir ceux qui font mal, et traiter favorablement ceux qui font bien. Ce que je vous dis, je le dis à tous sans exception de rang, de condition ou de caractère. Vous devez tous être soumis aux puissances supérieures, dans tout ce qui est de leur ressort et non contraire aux lois divines. Car, il n'y a point de puissance qui ne vienne de Dieu, et c'est lui qui a établi toutes celles qui sont sur la terre; en leur résistant, vous résisteriez à l'ordre de Dieu même, et attireriez sur vous une juste condamnation. C'est donc plutôt par le devoir de la conscience que par la crainte du châtiment, que vous devez leur obéir et ne jamais, sous aucun prétexte et pour aucune raison, vous permettre de révolte ni d'insurrection. Si les princes abusent de leur puissance, vous devez prier et gémir, et cependant leur rendre tout ce qui leur est dû, sans jamais secouer le joug de l'autorité. Comme le prince doit défendre ses sujets contre les incursions des puissances étrangères et les perturbateurs du repos public, ainsi vous devez dans l'occasion, sacrifier vos biens et votre vie pour la défense du monarque que Dieu vous a donné pour chef, et qui, dans l'ordre civil, est le père de ses sujets. Séparer la patrie de son roi, c'est séparer les enfans de leurs pères, c'est détruire la famille. Détestez, mes enfans, détestez et abhorrez cette maudite, cette monstrueuse, cette exécrable et infernale maxime, qu'il est permis dans quelque circonstance d'attenter à la vie des souverains. Mais tout en la détestant et l'abhorrant, ne faites jamais rien contre la loi de Dieu ou votre conscience pour leur plaire, pour obtenir leurs faveurs, pas même pour éviter leurs disgrâces ou leurs châtimens les plus rigoureux. Sachez alors, à l'exemple de tous les justes, de tous les grands personnages, de tous les héros que j'ai formés, sachez souffrir la perte de vos biens, de votre liberté et de votre vie même, pour demeurer fidèles à votre Dieu, le roi des cieux, le roi de l'éternité.

Vous nous dites à tous : Ecoutez-moi, mes enfans, *Nunc ergò, filii, audite me*, (*prov.* 8.) heureux ceux qui gardent mes voies, détournez-vous constamment du mal, cultivez toujours avec un nouveau soin la vertu, seul bien permanent, le seul à l'abri de tous les événemens, le seul que personne, pas même la mort, ne peut vous ravir; faites le bien tandis que vous avez le temps, tenez-vous sans cesse prêts à en faire à tous vos frères et même à tous les hommes. Demeurez unis à Dieu par la confiance et l'amour; et prouvez la sincérité de cet amour, de préférence à toutes choses et à vous-mêmes, que vous lui devez, par une constante et courageuse fidélité à sa loi sainte dont la beauté attire et ravit les grandes, les belles âmes. C'est pourquoi, acceptez de bon cœur tout ce qui vous arrivera, et faites servir les tentations, les adversités et les épreuves de la vie à purifier votre âme, et à vous perfectionner dans la patience, la douceur et l'humilité.

Aimez-vous bien les uns les autres, comme Dieu votre père vous a aimés, comme Jésus-Christ votre rédempteur qui s'est livré lui-même pour vous en s'offrant à Dieu comme une oblation et une victime d'agréable odeur. Que votre charité soit sincère et sans déguisement, qu'il se trouve entre vous tous une parfaite union de sentimens, une bonté compatissante, une amitié de frères, une charité indulgente, accompagnée de douceur et d'humilité. Prévenez-vous les uns les autres par des témoignages d'honneur et de déférence. Réjouissez-vous avec ceux qui sont dans la joie, et affligez-vous avec ceux qui pleurent ou sont dans la tristesse; consolez-vous, édifiez-vous, instruisez-vous, exhortez-vous mutuellement pour entretenir la paix et l'union parmi vous et vous porter aux bonnes œuvres. Soyez prompts à soulager les nécessités des saints, à exercer l'hospitalité; pleins de compassion et de tendresse les uns envers les autres; vous supportant, vous entre-pardonnant mutuellement comme Dieu vous supporte dans vos infidélités et vous pardonne en Jésus-Christ: c'est en cela surtout que vous serez les imitateurs de Dieu et ses enfans bien-aimés. C'est par cette union que vous posséderez la reine des vertus, par laquelle les bienheureux règnent dans le ciel avec Dieu qui est lui-même tout charité, tout amour. Ainsi lorsque tout aura passé ici-bas, cette divine vertu demeurera toujours pour la suprême et éternelle félicité de mes enfans.

Voilà comment l'église catholique parle à ses enfans, dans les saintes règles des mœurs qu'elle leur donne, et dont nous ne traçons ici qu'un aperçu.

O vous qui êtes notre vie, notre lumière! ô Seigneur notre Dieu, dont nous défendons la cause, en défendant celle de la justice, celle de la vertu, celle de la religion sainte que vous nous avez donnée pour vous glorifier d'une manière tout-à-fait digne de votre grandeur, pour vous communiquer entièrement à nous, et nous unir à vous de l'union la plus intime et la plus admirable; vous qui gouvernez toutes choses avec une sagesse si profonde, si impénétrable, mais toujours dirigée par votre bonté, par votre amour, et même par votre amour de prédilection pour la France, le plus bel apanage de votre église de la terre, dites-nous comment nous pourrions diriger nos pas dans la justice, dans la voie de vos saints commandemens, si les impies venoient à bout de renverser l'édifice sacré de votre église militante, en sorte qu'elle cessât d'être visible, que l'enseignement de la vérité fût éteint, que tous ceux qui doivent la maintenir se tournassent du côté de vos ennemis, comment pourrions-nous dissiper les ténèbres qui alors nous environneroient de toutes parts? La supposition que je fais ici est chimérique; car vos promesses, Seigneur, sont trop claires, votre église subsistera éternellement. Vous nous éclairerez toujours par le céleste flambeau de la foi. Mais voici, Seigneur, ce qui fait le sujet de nos gémissemens et de nos larmes : c'est que plusieurs de nos frères, même gens de bien, sa laissent souvent tromper par des séducteurs qui cherchent et travaillent à éteindre ce divin flambeau. Ils ne se tiennent pas assez en garde contre les sociétés qui attaquent les principes fondamentaux de la religion ou les maximes de votre saint évangile; contre les livres et les journaux dans lesquels le poison de l'impiété et de la licence se glisse en mille manières différentes. Que deviendront-ils, si la base de la justice, qui est la foi, vient à s'écrouler ou seulement à s'ébranler?... Peuvent-ils conserver la justice sans la foi ? et égarés par ces ténèbres où s'arrêteront-ils, après leurs premiers pas hors la voie du salut ? Dans ce siècle plus qu'en tout autre, on doit dire aux princes et aux sujets, aux hommes publics et aux particuliers : si les fondemens de la religion sont détruits, si les enseignemens de l'église cessent ou sont méprisés, si la foi s'éteint dans un Etat, dans une ville, dans une famille même, quelles semences de justice, quelles règles de mœurs, quels motifs de vertu subsisteront dans cet Etat, dans cette ville ou dans cette famille ?

CHAPITRE IX.

IDÉES SUBLIMES QUE LA RELIGION CATHOLIQUE NOUS DONNE DE DIEU, SURTOUT DANS LE PREMIER DE SES MYSTÈRES, OU DE L'ADORABLE TRINITÉ.

Magnus Dominus et laudabilis nimis.
Ps. 47.

NOTRE Dieu est celui qui est; il est le Très-Haut, le Dieu sublime, qui habite dans l'éternité, dont le nom est saint. Dans sa nature se trouve la plénitude de l'Etre pour lui-même, le principe et la source de l'existence pour les autres. La perfection de son Etre, voilà son principe; son origine est l'éternité. Lui seul est véritablement, tandis que les créatures n'ont qu'un être précaire, emprunté, émané de lui. Tout ce qui peut contribuer au bien-être et à la perfection de l'existence, lui est essentiel et ne peut être susceptible de la moindre altération. Il n'y a point de nom qui puisse exprimer tout ce qu'il est dans son infinie grandeur; il est immensément, et plus qu'on ne peut le concevoir, au-dessus de toutes ses œuvres et de toutes les louanges des créatures. Toutes les nations ne sont devant lui que comme une goutte d'eau ou ce petit grain capable à peine de donner la moindre inclinaison à la balance. Il est le souverain bien, l'unique bien véritable pour lui-même et pour tous les êtres capables de sortir du néant. C'est comme un Océan éternel sans fond et sans rivages où tous les biens se trouvent comme dans leur centre et leur commune origine. Que pourroit-il donc lui manquer pour se suffire éternellement et agir toujours au gré de sa sagesse? Rièn n'existe, rien n'arrive, rien n'est possible que par son ordre ou sa permission; et sa sagesse, impénétrable même aux plus hautes intelligences, sait tirer le bien du mal, comme l'ordre du chaos, la lumière des ténèbres et l'être du néant. Il habite dans son immensité sans bornes, qui est le temple vivant et toujours subsistant de son adorable sainteté; temple qui ne sera jamais profané, inaccessible, impénétrable à toute souillure, à toute tache, même la plus légère; magnifique palais de sa majesté suprême, le seul qui puisse le contenir. Il produit le vaste, l'admirable univers, dont nous ne pouvons connoître qu'une très-foible partie; univers si immense, si merveilleux dans le nombre, la grandeur et la variété des étoiles, des astres, des globes et des soleils qui le composent avec les êtres divers qui les habitent ou peuvent les habiter pour le glorifier en mille manières différentes. Il les voit se dérouler à ses yeux, passer chacun à son tour, s'agiter en passant pour cueillir des fruits de vie ou de mort, et lui seul, essentiellement immuable, reste toujours le même; il pourroit en produire des milliers innombrables d'autres, variés presqu'à l'infini, se surpassant chacun en beauté, en grandeur, en magnificence : il n'en seroit ni plus grand ni plus heureux en lui-même. Tous ces nouveaux mondes et leurs habitans recevroient tout de lui, sans que ses trésors fussent diminués d'un atome; ils ne pourroient lui rendre qu'une partie de ce qu'ils en auroient reçu sans rien ajouter à sa félicité. Les abîmes de l'Océan peuvent continuellement recevoir des nouvelles eaux, les grains de sable qui couvrent ses rives peuvent se multiplier durant des siècles aussi bien que les plantes et les fleurs qui ornent la surface de notre globe, et les étoiles qui brillent au firmament, la terre et les cieux peuvent s'étendre, tout peut s'agrandir et recevoir quelque chose de plus : Dieu seul ne peut rien recevoir, parce que tout est produit par lui, tout émane de lui, tout bien, toute perfection se trouve et demeure essentiellement en lui comme dans son principe et dans son centre.

Dans sa nature unique, parce qu'elle est infinie, parce qu'elle est incréée, la foi catholique nous découvre trois manières d'être, distinguant et terminant en lui la parfaite existence, la parfaite intelligence, le parfait amour. Le caractère de perfection complète ou d'infinité essentiel à chacune de ces trois choses que nous trouvons dans la divinité en fait trois personnes réellement distinctes dans une nature unique et indivisible, que, d'après la révélation, nous appelons : le Père, le Verbe, ou le Fils, et le Saint-Esprit.

C'est surtout ce mystère adorable de l'auguste Trinité qui nous donne l'idée la plus étendue, la plus profonde et la plus sublime de la grandeur de Dieu et de sa bonté. La nature du bien, comme l'enseignent les plus grands philosophes et les docteurs les plus célèbres, n'est-elle pas de se communiquer? Et cette communication n'est-elle pas en proportion de sa grandeur ou de sa force et de son étendue? Là où nous voyons un bien impuisable, une bonté infinie dans son amour et dans sa divine puissance toujours féconde, ne devons-nous pas trouver une communication sans bornes? Dieu, infini dans sa bonté, dans son amour, doit donc être infiniment communicatif, et il ne peut l'être qu'en communiquant son essence et sa divinité; car tout ce qu'il donne et produit par la création est nécessairement borné, et n'est rien en comparaison de la communication de sa nature. L'infinité de Dieu, l'infinité de son amour est donc la raison de la mystérieuse pluralité des personnes divines : par l'éternelle génération du Verbe, et l'éternelle procession du Saint-Esprit, Dieu trouve en lui-même cette admirable fécondité qu'il donne aux autres à son gré. Le Seigneur, notre Dieu, n'habite donc point une immense solitude; mais, par la Trinité des personnes, il se communique entièrement, et vit dans une société parfaite, la seule qui n'a jamais commencé, la seule à l'abri de toutes les vicissitudes et de toutes les révolutions. C'est dans cette admirable et divine société qu'ira se perdre un jour cette autre société, qui a commencé et ne finira point, l'Eglise catholique ou la société des élus de Dieu. La vérité que Dieu leur communique, par le don de la foi, est le céleste flambeau qui les éclaire dans leur route ; c'est par la vertu qu'ils triomphent dans les combats perpétuels que leur livre l'orgueil à la tête de sa furieuse armée des passions, et qu'ils font servir à leur perfection toutes les épreuves de la vie.

CHAPITRE X.

L'ÉGLISE CATHOLIQUE POSSÈDE LA VÉRITÉ PAR JÉSUS-CHRIST, SON FONDATEUR, SON CHEF PERMANENT, ET PRINCIPE DE TOUTE LUMIÈRE.

Lux in tenebris lucet, et tenebræ eam non comprehenderunt.

Ev. Joan. cap. 1.

C'EST par la seconde personne de l'adorable Trinité, appelée le Verbe ou le Fils, qui est l'expression, l'image consubstantielle de l'essence divine, la véritable lumière éternelle, source première de toute lumière et de toute intelligence, de laquelle les intelligences créées même les plus sublimes, ne sont pour ainsi dire que des émanations, et par laquelle seulement elles sont capables de penser juste, de raisonner juste sur les principes fixes et inébranlables de l'ordre moral, de discerner, en chaque chose, le vrai du faux, le bien du mal; c'est, dis-je, par ce Verbe divin que Dieu a la parfaite connoissance de sa nature, de ses perfections, de tout ce qui lui est dû, de tous les mondes et de tous les êtres possibles que sa sagesse et sa bonté peuvent tirer du néant, de toutes les harmonies, de tous les rapports qu'il peut ou qu'il doit établir pour l'ordre et le concert admirable des créatures entr'elles et avec leur auteur. C'est aussi par ce Verbe incréé, par cette sagesse éternelle qui est toujours avec lui, dans laquelle comme dans un divin miroir, il contemple pendant l'éternité son infinie perfection et sa toute-puissante fécondité, qu'il se manifeste aux créatures intelligentes. Les esprits célestes qui reçoivent ses premiers rayons, et dont plusieurs sont députés auprès de nous, et destinés à nous aider à recevoir cette divine lumière, nous font les premières révélations des vérités éternelles et de nos relations avec le Créateur; mais la révélation entière de lui-même, de tous ses mystères, de tous les ressorts de son admirable providence, qui gouverne toutes choses avec tant de force et de douceur, dont les yeux plus lumineux que le soleil peuvent seuls percer, pénétrer le fond des abîmes, parcourir avec sûreté et voir à nu le labyrinthe du cœur humain, en connoître d'avance tous les mouvemens les plus imperceptibles, et enfin de tous les rapports que la nature et la religion nous donnent avec lui, ne peut nous être faite que par ce Verbe divin qui éclaire tout homme venant en ce monde. C'est ce qu'il a fait d'une manière si admirable et si proportionnée à notre foiblesse et à nos besoins, dans la religion sainte qu'il nous a apportée du ciel, qu'il nous a donnée, dans sa sagesse et dans son amour, comme une échelle mystérieuse sur laquelle nous devons nous élever, monter nous-mêmes à ce beau séjour ; dans cette religion si belle et si puissante par ses inspirations et par ses œuvres, qui comme son divin Fondateur marque partout son passage ici-bas par d'éclatans et d'innombrables bienfaits, et imprime à ses bienfaits un caractère de douceur, de stabilité et de divinité, qui semble être le cachet des œuvres qui lui appartiennent véritablement et exclusivement ; si remarquable dans ses destinées, recevant pendant le cours de son pèlerinage sur la terre et dans tous les lieux, les bénédictions des bons et les malédictions des méchants de même que son auteur; si admirable dans les éclatans, dans les solennels et perpétuels témoignages que tous les êtres de la terre et des cieux rendent à sa divinité ; demeurant toujours resplendissante d'un éclat céleste au milieu des sarcasmes et des blasphèmes que ne cessent de vomir contre elle les ennemis de Dieu et de la vertu; dans cette religion si grande, si pure, si aimable dans tout ce qu'elle donne, dans tout ce qu'elle enseigne et dans tout ce qu'elle prescrit, et si visiblement divine, le Verbe éternel nous éclaire d'abord intérieurement par le don de la foi et par sa grâce, ensuite extérieurement par les enseignemens de son église qu'il a revêtue d'un caractère d'infaillibilité pour nous garantir des vents impétueux, des doctrines du mensonge et de l'erreur, afin qu'elle soit pour nous une colonne toujours visible et inébranlable, du haut de laquelle brille cette pure lumière de la vérité qui ne doit jamais s'éteindre, et dont les rayons se répandant au même instant plus loin que de l'Orient à l'Occident, et d'un globe à l'autre, forment pour nous le beau firmament d'un nouveau monde, créé par la religion, ou de la cité de Dieu, qui est cette nouvelle terre et ce nouveau ciel qui paroîtront avec un si brillant éclat, après que la terre et le ciel d'à-présent auront passé.

Cette foi catholique, par laquelle le Seigneur notre Dieu nous apprend à chacun ce qu'il nous importe de savoir pour le glorifier et parveuir au bonheur éternel pour lequel il nous a créés, est immuable et indivisible, parce qu'elle est la vérité ou l'exacte perception des objets, l'infusion de la divine lumière qui nous montre les choses dans leur véritable jour, je veux dire ce qu'elles sont en elles-mêmes, dans Dieu, par rapport à nous et pour nous. Elle est un don du Très-Haut par lequel notre esprit s'élevant, s'identifiant en quelque sorte avec la sagesse éternelle, nous voyons toutes choses en petit ou à travers un léger nuage, exactement de la même manière que Dieu les voit en grand, sans voile et sans nuage. Cette foi a, comme la charité, divers degrés de perfection dans notre âme, selon qu'elle y est plus ou moins vive, plus ou moins éclairée, plus ou moins pénétrante, et s'y perd par le refus d'adhésion à une seule vérité révélée, puisqu'elles sont toutes appuyées sur les mêmes motifs, les mêmes raisons de certitude, puisqu'elles ont toutes le Verbe divin ou la parole de Dieu pour unique fondement. Ce qui reste alors de croyance dans notre esprit ressemble au crépuscule du soir lors que le soleil a disparu de notre horizon. Cette foible lueur va de même toujours en diminuant, et finit par nous plonger dans les ténèbres éternelles, à moins que le soleil de la foi ne se lève de nouveau dans notre âme.

Par Jésus, fondateur, chef suprême et perpétuel de l'Eglise catholique, la divinité s'est en quelque sorte rendue visible à nous, s'est manifestée à nous toute entière; oui, Dieu est, pour ainsi dire, descendu de son trône de gloire pour s'entretenir familièrement avec nous, pour nous instruire lui-même, nous révéler notre grandeur, nous apprendre le saint commerce que nous devons entretenir avec lui, la manière dont il veut être reconnu et glorifié, à quelles conditions il veut former avec nous l'alliance la plus admirable, la plus ineffable, l'union la plus intime, devenir lui-même notre couronne, notre récompense, notre gloire. La sagesse éternelle, en demeurant ce qu'elle est, est devenu ce que nous sommes; l'Etre par excellence s'est abaissé jusqu'à nous pour nous élever jusqu'à lui. Il est venu nous apporter lui-même la vérité, la lumière, la grâce et la paix, à travers les prodiges les plus étonnants de sa puissance, de sa miséricorde et de son amour; il a habité parmi nous pour consoler toutes nos afflictions, guérir tous nos maux et les changer en biens, ennoblir, sanctifier toutes nos œuvres, agrandir, diviniser, en quelque sorte, tous nos sentimens, toutes nos affections. Pour se faire reconnoître et nous disposer à recevoir ses dons et ses saintes ordonnances, il a prouvé la divinité de sa mission et de sa doctrine par une infinité de merveilles que lui seul pouvoit produire, et surtout par le miracle de sa résurrection, qui rend son sépulcre si glorieux, comme son prophète Isaïe l'avoit annoncé. Presque toutes ses œuvres étoient des miracles, et tous ses miracles des bienfaits. Il se montra le maître de la nature en donnant à ses merveilles un caractère de multitude et d'universalité qui excite notre admiration; elles s'étendent généralement à tout ce qui existe, et par elles toutes les créatures animées et inanimées, tous les élémens divers viennent à l'envi lui rendre témoignage et publier sa toute-puissance : les maladies, les infirmités, tous les maux du corps et de l'âme, et les démons surtout, fuyent devant lui; le pain et les autres alimens se multiplient entre ses mains; l'eau se change en vin à sa parole, ou s'affermit sous ses pas; les anges descendent sur la terre pour le servir; le ciel s'ouvre pour le recevoir sur un trône de gloire. Saint-Jean, qui fut le témoin fidèle de tous ses prodiges, et qui rend témoignage de ce qu'il a vu et entendu par le martyre dans l'huile bouillante, et le miracle qui l'y conserva sain et sauf, pense que, s'ils étoient racontés en détail, le monde pourroit à peine contenir les livres qu'il faudroit écrire pour cela. Il publie d'abord, par lui-même, cette loi éternelle d'où dérive tout ordre, toute sagesse, toute félicité; il nous en montre, dans toute son étendue, et d'une manière sensible, la beauté et la perfection, en l'accomplissant le premier dans tous les points. Il commença par faire avant d'enseigner, et sa vie est la dernière perfection de sa doctrine réduite en pratique : toutes ses œuvres, toutes ses démarches, toutes ses paroles sont des exemples de vertu et de sainteté. Il pratique journellement et comme naturellement toutes les vertus au plus sublime degré d'héroïsme et de perfection; et parce que cette admirable et parfaite sainteté est essentielle à sa personne, un air à la fois simple et majestueux vient relever la divinité de son langage, la pureté de ses mœurs, l'innocence, l'équité, la droiture de toutes ses voies. Il scelle cette loi sainte de son sang précieux, par lequel il purifie, en même temps, toutes nos souillures, et répare toutes nos injustices ; il y attache les plus magnifiques récompenses, et nous donne, par les sacremens et l'infusion de sa grâce dans nos âmes les secours nécessaires pour l'observer avec exactitude, en surmontant, par elle, toutes les tentations, réglant tous nos penchants, et triomphant de notre foiblesse et de notre concupiscence.

Ce Dieu-Homme est tout pour nous : notre sauveur, notre législateur, notre pontife, notre médiateur, notre roi; notre roi par droit d'hérédité et de conquête; par droit d'hérédité, comme Fils unique de Dieu le père, qui lui a donné toutes les nations pour héritage, et l'empire sur toutes les créatures visibles et invisibles; par droit de conquête, parce qu'il nous a rachetés par son sang précieux et par sa mort, plus miraculeuse et plus divine par les excès des tourmens et des humiliations qui la précédèrent et l'accompagnèrent, que par les phénomènes extraordinaires, par lesquels la nature entière le reconnoissoit toujours pour son auteur, pour le maître de la vie, et demandoit à venger un pareil attentat.

Le sceptre de sa royauté est la croix par laquelle il a conquis le monde sur les puissances des ténèbres et des passions, détruit la mort et le péché, attiré tout à lui. C'est par elle qu'il règne dans l'église et dans les âmes, qu'il jugera le monde et ouvrira aux justes les portes de la sainte cité. Sur elle il fait rencontrer comme dans un centre commun, la sainteté, la justice, la paix, la vérité, la miséricorde et l'amour; et d'elle comme d'une source intarissable, il fait découler ces grâces précieuses qui, après avoir extirpé les vices dans nos âmes, les avoir purifiées de leurs souillures, les rendent fécondes en toutes sortes de vertus; sur elle enfin, il nous fait cueillir les lauriers des victoires remportées sur nos passions et les fleurs des vertus qui doivent embellir notre couronne immortelle. La croix est aussi son étendard, elle semble être tout pour lui, elle doit être pareillement tout pour nous. Elle est, surtout aujourd'hui, le signe qui doit rallier tous les amis de Dieu et de l'humanité; tous les amis de l'ordre, de la légitimité, de la justice et de la paix. Elle seule leur donnera la victoire, *hoc signo vinces.* Rois, peuples et particuliers, rangeons-nous sous ce glorieux étendard du Christ, du souverain monarque de l'univers, dont le royaume n'aura point de fin, si nous ne voulons devenir la proie de cette nouvelle espèce d'hommes que l'impiété et le libertinage ont engendrée de nos jours sur la terre et qui méritent à peine le nom d'hommes. Les voilà déjà en état de guerre contre Dieu et contre nous; nous n'aurons pleine victoire sur eux que lorsque nous combattrons de bonne foi et avec courage sous cet étendard.

Ce n'est pas en vain que Dieu leur a laissé franchir et briser de nouveau les barrières sacrées du trône et du sanctuaire, enchaîner la royauté, commander, légaliser la destruction en son nom, en faire un jouet en l'exposant à toutes sortes d'insultes et d'avanies avant de la détruire. Il va encore leur laisser un temps, mais un temps bien court, le pouvoir de nuire; c'est avec ces vils instrumens qu'il va nous châtier de nouveau, parce que nous ne sommes pas devenus meilleurs, et que ni les malheurs, ni les bienfaits précédens n'ont pu nous convertir; parce que nous n'avons pas voulu reconnoître et bénir sa main paternelle quand elle pansoit nos plaies et que nous l'avons repoussée comme une importune qui nous faisoit trop rougir de nous-mêmes; parce que loin d'être fidèles et reconnoissans, nous avons encore grandement péché contre lui. Oui nous méritons des châtimens nouveaux et plus terribles, parce que nous avons encore dédaigné, blasphémé, profané même ses mystères, au lieu de réparer par des expiations et des réparations solennelles les récentes iniquités, les affreux désordres, les abominations infâmes dans tous les genres et les sacriléges profanations de ces jours d'exécrable mémoire, où tout fut plongé dans le sang et dans un si épouvantable chaos de turpitudes et d'impiétés. Hélas! n'avons-nous pas toujours dédaigné, foulé aux pieds les biens magnifiques et éternels que la religion donne à ses enfans, pour nous repaître d'une vaine fumée d'honneur et idolâtrer sans cesse les faux biens du siècle présent!

Tandis que nous nous prévalons de nos droits de la terre, de nos sacrifices pour les puissances de ce monde, nous oublions l'alliance sublime, ineffable que nous avons contractée, avec le Seigneur notre Dieu, dans le saint baptême; et combien parmi nous qui ont encore la lâcheté, la bassesse de rougir du plus glorieux de tous les titres, celui qui nous donne la naissance la plus illustre, le droit au plus riche de tous les héritages, à la plus belle de toutes les couronnes! Et après avoir employé toutes les créatures, tous les dons de la nature et de la grâce à nos injustices, à nos révoltes contre lui, à l'outrager en mille manières, ne l'avons-nous pas fait servir lui-même à nos iniquités, comme il s'en plaint par un prophète? Oui, nous nous servons de tous les dons de Dieu pour multiplier contre lui nos ingratitudes et nos révoltes, par l'abus que nous en faisons, et qui est presque toujours en proportion de leur grandeur et de leur multitude; et quoique nous n'ayons de vie, de mouvement et d'action que par lui, il semble, pour la plupart d'entre nous, que nous ne voulons vivre que pour le haïr, que pour lui ravir, autant qu'il dépend de nous, la gloire qu'il doit nécessairement trouver dans ses œuvres, et que nous aussi, nous sommes ligués avec Satan pour lui faire la guerre. Il est peut-être le seul, dans le monde, que nous n'aimions pas; et l'on peut dire, de la plupart des chrétiens de nos jours, ce que le grand Bossuet dit des idolâtres des siècles passés : « Tout est Dieu pour eux dans le monde, excepté Dieu lui-même. » Le jour qu'il s'est si spécialement réservé pour recevoir de nous nos hommages et le culte que nous lui devons, nous le choisissons pour nous souiller davantage, pour commettre plus d'abominations. Ce grand jour, ce saint jour n'est plus, hélas! pour la plupart des hommes, le jour du Seigneur : c'est le jour de Satan, le jour où ils lui sacrifient, où ils font ses œuvres, où ils participent pleinement à ses fêtes et à ses pompes. Qu'entend-on aujourd'hui dans nos assemblées? Des hommes qui n'ouvrent la bouche que pour blasphémer la justice, la Providence, toutes les perfections de leur bienfaiteur, de leur Sauveur, de leur Dieu. Que voit-on à la ville et à la cour, dans nos rues et dans nos places publiques? Des hommes qui désertent les temples du Très-Haut, les temples de leur Dieu, pour courir dans le monde, tantôt adorer de la poussière réduite en pièces de monnoie, tantôt ramper devant la folle ambition, se prosterner devant les idoles du pouvoir ou de la fortune, par qui le monde distribue chaque jour à ses partisans l'or qui égare et corrompt, ou l'élévation qui dégrade et dénature les idées et les sentimens. Les aveugles! ils ne savent pas que ces idoles d'un jour ressemblent à des figures atmosphériques d'un moment, qu'on aperçoit, dans certaines nuits d'été, au-dessus des cimetières. Elles sont formées par les exhalaisons des corps en putréfaction. Presque aussitôt dissipées que formées par les vents qui agitent l'atmosphère, elles s'y succèdent quelquefois avec une rapidité étonnante; et ce sont les ténèbres qui les environnent et nous aussi, qui nous les font paroître tantôt éblouissantes, tantôt gigantesques. Les idoles, dont ces figures sont l'image, ne doivent-elles pas aussi, pour la plupart du moins, leur naissance, leur accroissement, à la corruption, à la dissolution d'un autre genre? N'est-ce pas des ténèbres, que produisent les erreurs et les passions du monde et les nôtres, qu'elles empruntent leur éclat trompeur et leur fausse grandeur? Elles se montrent sur la scène du monde pour disparoître à l'instant même, dissipées par le vent brûlant des passions humaines, et par le souffle de la colère de Dieu. Que voit-on encore? Des hommes, efféminés ou abrutis, se traîner sur les ordures de la volupté, se prosterner devant des idoles de sang et de boue, les encenser, les adorer par des crimes infâmes, quelquefois atroces, souvent par des abominations affreuses que l'enfer même n'inventa pas, et par lesquelles, après s'être mis au-dessous des plus vils animaux, ils surpassent, par leur vile, raffinée et excessive corruption, les plus méchans d'entre les démons.

Les payens s'étoient fait des dieux protecteurs de tous les vices, de toutes les passions; cela n'est point assez pour les hommes, pour les enfans de notre siècle : ils métamorphosent en vertu les plus grands crimes, les plus horribles attentats, les plus infâmes, les plus monstrueux désordres, et ne reconnoissent d'autre divinité que la passion qui les agite. Ah! c'est de notre siècle surtout qu'a parlé le prophète, quand il a dit : « La terre est infectée « par la corruption de ceux qui l'habitent, car ils « ont violé toutes les lois, changé toutes les or- « donnances et rompu l'alliance qui devoit durer « éternellement. » Et c'est de nous que se plaint le Seigneur par ces terribles paroles : « Cieux, écoutez, et toi, terre, prête l'oreille. J'ai nourri des enfans, je les ai élevés avec un soin et une affection toute particulière; je les aimois avec plus de tendresse que la mère la plus sensible n'aime ceux qu'elle a portés dans son sein, et ils se sont révoltés contre moi; ils voient que les créatures qui les servent et toutes celles qui remplissent l'immensité de la création me sont constamment soumises comme à l'arbitre souverain de l'univers : dans la carrière qu'elles parcourent, les fonctions qu'elles remplissent, les propriétés qu'elles conservent, le but où elles parviennent, elles ne s'écartent jamais d'un seul point de ce que je leur ai prescrit. Cette soumission, cette fidélité constante à mes lois immuables fait la beauté, l'ordre et l'harmonie du monde, et le monde rentrera dans le chaos pour exterminer et engloutir mes ennemis lorsque je leur prescrirai de s'en écarter; et cependant ils voudroient tantôt armer toutes les créatures contre moi, en se mettant à leur tête; tantôt ils voudroient les entasser les unes sur les autres comme autant de montagnes sur lesquelles ils pussent escalader les cieux, s'élever jusqu'à mon trône pour m'en chasser et me détruire s'il leur étoit possible. Malheur à ces nations pécheresses, à ces peuples chargés d'iniquités, à ces races corrompues, à ces enfans scélérats qui, pour s'adorer eux-mêmes et tout ce qu'il y a de plus vil, se sont rendus coupables d'un pareil mépris, d'une pareille audace contre le Dieu trois fois saint! Hélas! quels nouveaux crimes pourroient-ils ajouter à ceux qu'ils ont déjà commis? Toute leur tête est malade d'impiété, tout leur cœur est languissant, mourant de corruption. Si le vice n'est pas toujours leur pensée, leur désir, leur parole, leur action, il se mêle du moins à tout ce qu'ils pensent, à tout ce qu'ils convoitent, à tout ce qu'ils disent et à tout ce qu'ils font; souvent ils multiplient leurs injustices ou leurs désordres, à la fois, par les instans de leur existence et par tous les objets que peuvent atteindre leurs sens ou leur imagination. »

Cette multiplication si effrayante et si progressive de tant de crimes, de désordres et d'impiétés crie vengeance devant Dieu contre les enfans des hommes. La terre semble prête à succomber sous le poids de tant d'iniquités; elle va être de nouveau abreuvée de sang, et ses habitans abîmés dans de nouvelles calamités. Mais après bien des combats et des malheurs, ceux qui auront le courage et le bonheur de professer publiquement, sincèrement et avec persévérance par leurs paroles et leurs œuvres la doctrine du Christ, triompheront avec tous ceux qui s'uniront à eux de bonne foi, en s'humiliant devant le Seigneur. Oui, ils triompheront, et le jour de leur triomphe approche, parce que leur cause est celle de Dieu.

CHAPITRE XI.

L'ÉGLISE CATHOLIQUE REND A DIEU, PAR JÉSUS-CHRIST, SON PONTIFE ÉTERNEL, UN CULTE PARFAIT, LE SEUL DIGNE DE SA GRANDEUR.

Jesus-Christus heri, et hodiè : ipse et in sæcula.

Ep. ad Heb., cap. 13.

Au commencement étoit le Verbe, et le Verbe étoit avec Dieu, et le Verbe étoit Dieu. Toutes choses ont été faites par lui, et rien de ce qui a été fait n'a été fait sans lui. Ainsi parle le sublime Jean, l'évangéliste, l'apôtre et le héros des amans de la divinité. Hors de ce Verbe divin, qui est l'alpha et l'omega, l'origine et le dernier terme, le principe et la fin de toutes choses, la voie, la vérité et la vie de toutes les intelligences, on marche dans des déserts stériles, dans des routes inconnues qui aboutissent à la mort; on ne trouve que variété de systèmes et d'opinions humaines plus ou moins absurdes ou raisonnables selon les causes qui les produisent et les entretiennent. La connoissance de Jésus-Christ est donc la première, la plus nécessaire, la plus importante, en même temps que la plus grande, la plus belle et la plus sublime. C'est pourquoi le grand apôtre se prosternoit devant Dieu le père pour obtenir en faveur des fidèles la grâce de connoître le mystère du Verbe incarné, d'en sonder toutes les dimensions et toutes les profondeurs. Ce grand homme, qui, par ses rares talens, son vaste génie et ses hautes connoissances, pouvoit être l'oracle des savans de son siècle, et qui étoit envoyé pour être la lumière des nations, se glorifioit de ne savoir que Jésus et Jésus crucifié. Cette connoissance est celle de la vraie religion, dont il est tout à la fois l'auteur, le chef suprême et le pontife éternel. Ainsi nous croyons qu'on ne peut définir plus exactement la véritable religion qu'en l'appelant : LA SOCIÉTÉ DES ÊTRES INTELLIGENS QUI ADORENT ET SERVENT DIEU PAR LE VERBE INCARNÉ, LEUR MÉDIATEUR UNIVERSEL.

Cette définition comprend d'abord les hommes de la terre qui ne peuvent être sauvés et avoir accès auprès de Dieu que par Jésus-Christ et qui ont divers moyens de connoître ce grand Rédempteur, comme nous le montrerons ailleurs; ensuite les esprits bienheureux du royaume de Dieu qui l'adorent aussi par Jésus-Christ comme nous le disons chaque jour dans la célébration des saints mystères, *per quem laudant angeli*, *adorant dominationes*, *tremunt potestates*; *etc.*, et enfin les divers habitans de ces myriades de mondes sur lesquels la révélation qui nous a été faite à nous, qui, comme des pauvres exilés pour quelque grande prévarication, traversons cette petite planette en courant et cherchant notre patrie, garde un profond silence. Elle nous permet donc par ce silence de ne point regarder ces mondes si incommensurables dans leur immensité et multipliés au-delà de nos conceptions, comme de vastes et d'innombrables solitudes. Non, Seigneur, nous ne saurions les regarder de même, et puisque la foi nous le permet, comment n'embrasserions-nous pas une idée dont il nous semble avoir la persuasion et qui nous en donne une bien plus haute, plus étendue, plus sublime, plus admirable sous tous les rapports de l'excellence de vos œuvres, et nous montre le glorieux empire de votre divin Fils encore plus beau, plus merveilleux, et presque sans limites dans son étendue, comme il est sans terme dans sa durée. O Dieu! si grand, si saint, si aimable, nous désirions dans notre enfance voir un pays où vous ne seriez jamais offensé; hélas! nous ne saurions le trouver dans cette terre de malédictions; que pour notre consolation, il nous soit permis de penser qu'il existe des mondes par milliers où vous avez toujours été, où vous serez toujours parfaitement connu, aimé et glorifié d'une manière digne de vous par ce Fils unique que vous engendrez de toute éternité et en qui vous avez mis toutes vos complaisances : cette douce pensée nous console trop au pied de vos saints autels pour n'être pas persuadés qu'elle vient de vous.

N'oublions jamais que toutes les grandeurs, toutes les beautés, toutes les merveilles créées, tous les hommages, tous les sacrifices des créatures ne sont véritablement dignes du Très-Haut, que par cet autre lui-même, éternel objet de son amour ineffable, la fin et le dernier terme de tous ses ouvrages et de tous ses desseins. Notre Dieu ne doit-il pas, à cause de sa sagesse, se proposer dans toutes ses œuvres une fin digne de sa grandeur; et en agissant au dehors, que peut-il trouver qui soit tout-à-fait digne de sa grandeur et de sa sagesse, sinon lui-même ou sa gloire? Tous les autres biens ne sont-ils pas infiniment au-dessous? Une chose dans laquelle il ne seroit pas glorifié seroit-elle un véritable bien? non certes. Mais la plénitude de la gloire de Dieu peut-elle se rencontrer ailleurs que dans le Verbe incarné? N'est-ce pas par lui seul que les créatures douées des nobles facultés de connoître et d'aimer peuvent lui rendre ce culte parfait de louanges, de sacrifice, d'adoration et d'amour qui soit proportionné à l'exellence, à l'éternité, à la perfection de sa nature?

Aussitôt que le Très-Haut tire l'univers du néant, toutes les créatures l'adorent et publient sa gloire et ses bienfaits chacune à leur manière. D'innombrables millions de purs esprits composent sa céleste cour: les uns sont les princes et les rois de son vaste empire, d'autres les hérauts qui publient ses ordres, les ministres qui exécutent partout ses adorables volontés; tour à tour tous prosternés aux pieds de son trône majestueux où il est environné d'une lumière inaccessible, ils l'adorent en s'écriant: Saint, saint, saint, est le Seigneur Dieu tout-puissant qui étoit, qui est et qui sera. Et jetant leurs couronnes à ses pieds, ils s'écrient de nouveau: Vous êtes digne, Seigneur notre Dieu, de recevoir gloire, honneur et puissance, parce que c'est vous qui avez créé toutes choses; c'est par votre volonté qu'elles ont reçu l'être et qu'elles ont été formées. Alors Dieu est reconnu dans l'univers qu'il a produit, il est adoré aimé, loué, glorifié dans l'univers spirituel par tous les divers ordres des intelligences qu'il a fait sortir du néant.

L'homme, intelligence servie par des organes,

et qui se montre ici-bas comme le centre et l'harmonie des œuvres de Dieu sur la terre, s'élève aussi vers le Très-Haut, vers le Dieu tout-puissant et tout bon pour l'invoquer, pour l'adorer, à son tour, au nom de tous les êtres corporels et sensibles. Alors Dieu est pareillement connu, loué, béni, glorifié dans le monde physique; la matière reconnoît aussi son auteur, et lui rend son culte et son sacrifice. Ainsi, par un admirable concert de bénédictions et de louanges, toutes les créatures reconnoissent celui qui les a faites, et lui rendent gloire. Cependant, parce qu'entre les créatures, même les plus excellentes, et le Seigneur, il y a un intervalle immense; que du Séraphin, qui approche le plus près de son trône de gloire, pour aller jusqu'à lui, il y a encore l'infini à parcourir, il se trouve toujours une grande et immense disproportion entre ce qui lui est dû, et ce que toutes les créatures ensemble peuvent lui rendre, quelque multipliées et quelqu'excellentes qu'on les suppose. Mais lorsque Jésus-Christ, Dieu-Homme, adore, loue, glorifie Dieu, l'adorable Trinité, dont seul il sonde la profondeur, connoît l'immensité, l'excellence, les droits et les bienfaits, tout vide est rempli, toute disproportion disparoît, Dieu reçoit toute l'adoration, tout l'amour, toutes les louanges, tous les hommages, tout le culte dû à son infinie grandeur, au nom de toutes les créatures, par un autre lui-même, et par chacune d'elles avec lui : car, par son adorable incarnation, le Fils de Dieu devient pour la terre et pour les cieux le grand pontife, dont le sacerdoce est éternel, par lequel tous les êtres existant dans les différentes parties de l'univers et doués d'intelligence, peuvent rendre à Dieu ce culte parfait, dans la succession de tous les âges et durant l'éternité; il devient aussi leur grand, leur médiateur universel, et par excellence avec le Créateur. Par la réunion des deux natures, il concilie, de la manière la plus admirable, tous les intérêts, toutes les différences; rapproche toutes les distances; détruit, par ses mérites, tous les obstacles qui nous éloignent de Dieu : par l'influence de sa grâce, il perfectionne toutes nos relations avec lui; sanctifie, divinise, pour ainsi dire, tous nos devoirs, tous nos sacrifices et toutes nos œuvres, et nous identifie, en quelque sorte, avec lui par la sainte charité qu'il répand dans nos âmes. Pour nous, nous trouvons tout dans ce divin médiateur, et en lui seul; nous y trouvons notre lumière, notre vie, notre amour, notre salut, notre gloire et notre bonheur. C'est un centre universel d'où tout part et où tout vient aboutir, et hors duquel il n'y a rien. En lui réside la plénitude de la divinité; et on y découvre, comme dans l'adorable Trinité, une même perfection de connoissance et d'amour, une même communication sans réserve, et de plus une claire et perpétuelle manifestation des attributs divins, un sacrifice parfait, au-dessus duquel on ne peut concevoir rien de plus grand, par lequel la miséricorde et la vérité, la justice et la paix se donnent le saint baiser de réconciliation et d'amour. Enfin, c'est par lui seulement que Dieu donne à sa bonté, à son amour envers ses créatures une étendue qui n'a point de limites, et qui répond à son infinité: car, ainsi que nous l'avons déjà dit, Dieu étant, à cause de la bonté et de l'amour, qui font son essence, souverainement, infiniment communicatif, doit aimer à répandre dans ses créatures la vie et le bonheur, dont il est la source. Il peut former, certainement, des créatures sans nombre, toutes différentes en perfections et en propriétés, et se communiquer à elles de mille manières différentes, la plupart inconnues à notre foible raison; mais la plus excellente, la plus admirable de toutes est, sans contredit, celle qui se fait par voie d'union en communiquant sa propre nature, et elle paroîtra d'autant plus merveilleuse, d'autant plus étonnante, que la créature qui en sera le terme, nous semblera plus éloignée de cette première source de toute grandeur, de toute perfection. Le soleil, qui répand continuellement la chaleur et la lumière sur les planètes, les astres et les comètes qui composent notre univers systématique, est bien admirable sans doute, et si admirable, qu'il a été, et est encore l'idole de plusieurs peuples, comme la plus belle image du Créateur dans le monde physique. Qui nous dira le nombre des étoiles fixes qui peuvent être considérées comme autant de soleils éclairant de nouveaux mondes? Supposons maintenant un autre soleil qui éclaire tous les mondes, dont il sera le centre, et dont les autres soleils recevront la splendeur et la chaleur : ce nouveau soleil ne sera-t-il pas bien plus admirable ?

Si la sagesse incréée, le fils de Dieu, avoit communiqué sa nature au premier des Séraphins, ce mystère eût été assurément très-admirable. Mais lorsque nous voyons ce Verbe divin sortir pour ainsi dire, du trône sublime, majestueux et tout resplendissant de lumière, d'où le Dieu des armées lance à son gré des millions de globes peuplés d'êtres divers qui le glorifient en toutes langues et en toutes manières, quant à l'extérieur du culte, descendre à travers l'admirable hiérarchie des esprits célestes, parcourir ces myriades de mondes, accompagné de ces sublimes intelligences, de ces purs esprits qui gardent toutes les avenues, et remplissent à leur manière toutes les immensités de la création; s'arrêter à ce dernier petit coin de l'univers, que nous appelons la terre, et qui n'entre que comme un grain de poussière dans la grande composition de l'univers, s'y communiquer à cette petite créature, qui porte le nom d'homme, et qui paroît placée au pied de l'échelle des êtres intelligens; combien cet ineffable mystère devient-il plus admirable? Voilà la plus grande, la plus étendue de toutes les communications, par laquelle seule le Seigneur remplit tous les intervalles, joint tous les extrêmes, et par laquelle tous les êtres divers, doués d'intelligence, placés entre l'homme et la divinité, peuvent s'élever vers elle par le Verbe incarné, la glorifier avec lui, participer selon leurs besoins à sa grâce et à ses mérites, tandis que s'il n'étoit pas venu jusqu'à nous, outre que nous n'aurions pas reçu le bienfait de la rédemption, nous n'aurions pu nous élever aussi bien de même, étant trop au-dessous par notre nature.

Sa naissance est d'une mère vierge, pour être distinguée entre toutes celles des enfans d'Adam, et porter le sceau de la divinité. Cette Vierge immaculée, fille des rois des Juda, compte parmi ses ancêtres des patriarches, des prophètes, des princes, des monarques, les héros de la valeur, de la vertu, de la piété, de la sagesse, l'élite du genre humain; la sainteté est héréditaire dans sa famille, et néanmoins sa famille est tombée dans la plus profonde obscurité, et néanmoins elle est pauvre, inconnue aux hommes, toute cachée en Dieu. Mystère symbolique qui nous montre dans Jésus, fils de Marie, la grandeur de sa royauté et de son élévation par la divinité, la grandeur de son humiliation par l'humanité, la profondeur cachée de cet adorable mystère connue de Dieu seul.

Mais pourquoi, lorsque cet homme Dieu vient sur la terre, pour briser nos fers, faire avec nous une sainte alliance, nous combler de bienfaits, et nous faire régner avec lui, les hommes le méconnoissent-ils, le dédaignent-ils, refusent-ils de le recevoir dans leurs villes et dans leurs maisons? Pourquoi un seul juste se joint-il à la Vierge sainte pour l'adorer au fond d'une grotte? Pourquoi faut-il que la cour céleste descende sur la terre, que le chœur des anges fasse entendre ses divins concerts pour conduire les pauvres aux pied d'un roi Dieu et Sauveur qui vient les visiter? Pourquoi faut-il que des prodiges, des prophéties, des phénomènes célestes, y amènent les plus sages d'entre les riches? Pourquoi pendant sa vie mortelle, quoiqu'il marque tous les points de sa carrière par des bienfaits, que tous ses miracles soient des miracles de miséricorde et d'amour, que toutes ses paroles soient des paroles de consolation et de paix, conçoit-on contre lui tant de haine, et va-t-on jusqu'à le faire mourir? Pourquoi enfin, aujourd'hui, que la terre est éclairée de sa divine lumière, arrosée de son sang, fécondée par ses sueurs et ses larmes, enrichie de ses mérites et de ses bienfaits, est-il encore si méconnu, si outragé, si blasphémé même par ses propres enfans? C'est parce que l'orgueil, principe de tout mal, destructeur de tout ordre, de toute harmonie, a placé son trône au milieu du monde, et l'a rendu ennemi de Jésus-Christ. L'orgueil s'unit à l'infâme volupté dont le propre est d'énerver, d'aveugler, et d'avilir ses esclaves; dès lors elle devient la reine du monde. L'orgueil et la volupté choisissent pour ministre et pour favori l'intérêt, qui devient l'instrument de leurs désordres et de leurs scandales. Autour d'eux et sous leurs drapeaux de différentes couleurs, se rangent tous les vices et toutes les passions avec les illusions, les ténèbres et les absurdités qu'ils ne cessent de produire et de multiplier en s'unissant. Voilà les esclaves qui refusent de reconnoître Jésus-Christ, ou s'unissent pour lui faire la guerre.

Il dit, en entrant dans le monde : « Tournez les yeux sur moi, peuples de toute la terre, et vous serez sauvés, parce que je suis le Dieu fort, et qu'il n'y en a point d'autre. Non, il n'y a point de Dieu juste et de Sauveur que moi seul. » C'est le même langage qu'il tient aujourd'hui à toutes les nations que l'impiété a conduites au bord d'un affreux abîme, et qui n'ont qu'un pas de plus à faire pour y être englouties, ou tarder encore un moment à se retourner vers ce Dieu sauveur qui seul peut les en retirer. Et s'adressant à nous en particulier, il nous dit, en nous regardant avec compassion, avec tendresse : « Tournez les yeux sur moi, vous tous, zélés catholiques, qui n'avez point fléchi le genou devant Baal; vous tous, mes enfans bien aimés, que j'ai fait croître et élever avec soin dans mon Eglise; vous, que j'ai arrachés de la gueule du lion infernal, en rompant, par la vertu de ma grâce, la chaîne tyrannique et avilissante de vos passions, en purifiant vos âmes dans les eaux salutaires du baptême et de la pénitence. Tournez les yeux sur moi, vous, Français, que j'ai toujours protégés et portés dans mes bras, nonobstant vos infidélités et vos ingratitudes; vous, que j'ai plusieurs fois délivrés de ces nombreux ennemis que vous aviez irrités, attirés sur vous par vos injustices et vos impiétés. Je me suis laissé toucher par les prières du petit nombre d'entre vous qui m'étoient restés fidèles: car sachez que c'est moi qui dispose les événemens avant qu'ils arrivent. Je suis le Seigneur votre Dieu, qui vous enseigne à faire ce qui vous est utile, et qui dirige vos pas dans la voie par laquelle vous devez marcher. Oh! si vous vous fussiez tous appliqués à mes préceptes, votre paix intérieure seroit aujourd'hui comme un fleuve qui fertiliseroit partout votre empire, et pour toutes les classes de ses habitans, et votre nom auroit repris tout son éclat devant les autres peuples et devant mes yeux. J'appelle tous les sages pour être juges entre vous et moi : ai-je pu porter plus loin envers vous tous ma clémence et ma miséricorde? Ne refusez donc plus de me reconnoître; hâtez-vous, mon glaive est déjà levé, et commence à frapper; cependant je vous offre encore à tous mon pardon, mais souvenez-vous que je ne puis l'accorder qu'au repentir. »

Serons-nous encore sourds à cette voix du Seigneur qui nous invite et nous presse, en tant de manières différentes, de revenir à lui? Refuserons-nous encore de chercher notre salut et notre bonheur, le bonheur de nos familles, la gloire de notre France, dans cette religion sainte qu'il conserve toujours au milieu de nous, comme malgré nous?

Ah! revenons, mais revenons avec cette noble franchise et ce courage héroïque qui nous appartiennent comme Français, à cette antique religion de nos pères; appliquons-nous à la connoître; étudions-la sans prévention, et nous ne pourrons nous dispenser de l'aimer et de l'observer. Ne soyons plus aveugles au milieu de tant de lumières, sourds au milieu de tant de voix, et de voix si éloquentes, qui nous montrent jusqu'à l'évidence, et nous crient de toutes parts que ce n'est que par elle que Dieu peut nous relever complétement, nous protéger, nous sauver, nous combler encore de biens et de gloire. C'est par elle que la France est devenue le plus beau royaume du monde, et les Français le peuple le plus civilisé et le plus distingué sous tous les rapports. Et n'est-ce pas à une religion plus éclairée et mieux observée, que la France doit toute sa prééminence et tous ses titres de gloire? C'est elle qui a exalté et fait bénir le nom français dans toutes les contrées de la terre, et c'est l'irréligion qui, dans ces derniers temps, l'a fait mépriser, haïr et maudire de toutes les nations. Alors nous ne les avons vaincues que comme les Babyloniens vainquirent l'Egypte et les autres peuples vers lesquels ils furent envoyés sans le savoir, comme les instrumens de la vengeance du Ciel, comme des verges de fer entre les mains du Seigneur. La religion nous auroit conservé nos victoires, tandis que l'irréligion nous a vaincus à notre tour, et rendus le jouet des autres peuples. La religion nous avoit tout donné, l'irréligion nous a tout ravi; et ce n'est qu'en combattant de nouveau sous ses étendards que nous retrouverons notre sécurité, notre réputation, notre prospérité et notre gloire.

O vous qui prétendez courir avec tant d'ardeur après la liberté, l'indépendance, la gloire et le bonheur, sachez bien ce que vous désirez, ce que vous voulez; ne confondez pas la liberté que protége l'ordre conservateur des sociétés, et que consacre la religion, avec la licence effrénée du crime et du désordre qui réclame l'impunité en se soulevant contre la justice; l'indépendance de la vertu, avec la révolte organisée des passions; la gloire frivole qui tire son éclat d'un pouvoir éphémère ou de vaines distinctions, avec la gloire immortelle inhérente au vrai mérite et à l'héroïsme de la vertu; et sachez que vous ne trouverez de vraie liberté, de vraie gloire, de vrai bonheur que dans le sein de la religion catholique. Et qu'est-ce qui vous porte à combattre avec tant de fureur et une si diabolique persévérance cette religion de vos pères dans laquelle vous êtes nés? Quelle peut être la cause d'une haine si invétérée? Pourquoi haïr et persécuter une religion dont les dogmes sont si sublimes, si dignes de l'Eternel, de l'Être par excellence dont la nature est essentiellement incompréhensible et infinie; si dignes de l'homme qu'ils associent aux célestes intelligences, à Dieu lui-même; une religion dont la morale est si belle, si pure, si bien assortie à toutes les facultés, à tous les besoins de l'homme, à toutes ses relations avec ses semblables et avec son Créateur; si proportionnée à toutes sortes d'esprits et de caractères qu'elle seule peut rectifier et ennoblir, si propre enfin à nous élever, à nous conduire à la plus haute perfection, à nous faire trouver le bonheur partout, et à garantir, accroître et multiplier tous les biens de la société; une religion dont les sacremens sont des sources si fécondes de grâces, de bénédictions et de dons célestes, de paix, de consolations et de délices ineffables pour ceux qui en approcheut avec des dispositions convenables? Avez-vous à vous plaindre de ceux qui l'observent et la défendent avec ce zèle que leur inspire l'amour de Dieu et du prochain?

Non, car elle leur défend de se venger de vos calomnies, de vos sarcasmes, de vos injustices et de vos persécutions; elle leur commande et leur inspire de vous aimer, de vous bénir, de vous rendre le bien pour le mal; elle ne les reconnoît point autrement pour ses enfans; et vous leur rappelez continuellement vous-mêmes ce précepte dont l'accomplissement, en faisant votre sûreté, vous fait tout oser et tout entreprendre, quand la justice n'est pas là pour vous arrêter. N'est-ce pas en l'accomplissant que nous vous laissons dormir en paix au milieu de nos dépouilles et abreuvés du sang de nos proches, de nos frères et de nos amis? Toutes les forces, toutes les ruses de nos ennemis, et tous les maux de la vie présente ne peuvent nous vaincre, parce que la charité nous rend plus forts que la mort même. Avec elle, pour nous, souffrir, mériter et vaincre sont une même chose, et mourir plutôt que dévier d'un seul pas des voies de la justice, est pour nous le plus beau triomphe. Eh! que deviendriez-vous si vous parveniez à nous ravir à tous le précieux don de la foi, si la vraie religion ne régloit plus nos sentimens, n'influoit plus sur notre conduite et nos procédés à votre égard? Car, si hors le sein de la vraie religion que nous professons, qui nous interdit plusieurs de vos intrigues et de vos menées, et nous suggère de nous venger par des bienfaits, nous embrassions une opinion différente de la vôtre, un système opposé au vôtre, dans lequel une autre vengeance ne nous fût pas interdite et qu'il nous fût permis de reprendre sur vous, nos biens, de venger notre honneur, notre sang, l'honneur et la vie des nôtres, croyez-vous que nous ne serions pas bientôt vainqueurs à notre tour; surtout, si pour un temps seulement, nous nous servions de vos armes, et nous imitions vos indignes procédés, ce dont le ciel nous préserve à jamais? Car qui, excepté vous, osera dire que nous sommes moins nombreux et moins courageux quand il s'agit de défendre, selon les règles de la subordination et de l'équité, une cause sainte?

Vous plaindriez-vous de l'invitation qu'elle vous fait de venir vous ranger sous ses étendards, et vous reposer dans son sein? Souvenez-vous donc que ses appels ne sont que des charitables exhortations, des tendres invitations qu'il vous est libre de rejeter, et non des ordres impérieux: car elle n'attire que par la persuasion et ses bienfaits incomparables; il n'y a point d'esclaves dans son royaume, il n'y a que des enfans. La vraie liberté est le premier bien qu'elle leur garantit ; elle rejette même les services et les offrandes qui ne sont pas libres et inspirées par le respect, la reconnoissance et l'amour. Elle ne vous fait d'ailleurs ses invitations, même les plus pressantes, que par un excès de tendresse et de compassion pour vous ; elle ne vous demande rien et n'a aucun besoin de vous, ni de vos services ou de vos dons. Elle ne vous appelle au contraire que pour vous enrichir de ses propres biens qui ne passent pas comme ceux de ce monde, et pour vous rendre heureux du bonheur de Dieu même qu'elle seule peut donner.

Approchez donc sans crainte de ses autels, venez vous réunir à nous dans nos temples et dans nos assemblées ; nous vous plaignons d'en être éloignés ou de venir y aggraver vos maux par vos irrévérences, parce que nous vous regardons toujours comme nos frères, parce que nous vous aimons et vous aimerons toujours ; cessez donc pour votre bonheur de haïr une religion si sainte, si aimable, une religion où tout est charité : venez, embrassons-nous dans son sein pour vivre en amis jusqu'au-delà du tombeau.

FIN DE LA PREMIÈRE PARTIE.

LE SALUT

ET

LA GLOIRE DE LA FRANCE.

SECONDE PARTIE.

Moyens de conserver et faire refleurir en France la foi, ou la Religion catholique, et avec elle les bonnes mœurs et la civilisation.

> Toute sagesse vient de Dieu, qui est le souverain Seigneur et le principe éternel de toutes choses : elle a toujours été avec lui, et elle y est avant tous les siècles, y étant de toute éternité.
>
> *Ecclésiastique.*

CHAPITRE XII.

RÉFLEXIONS PRÉLIMINAIRES, OU UN MOT SUR L'ÉTAT ACTUEL DE L'ÉGLISE GALLICANE.

> « Gémis, nation désolée,
> « Comme une jeune épouse en pleurs,
> « Qui conduit jusqu'au mausolée
> « L'objet de ses chastes douleurs.
> « Écoutons les voix lamentables
> « Des pontifes de l'Eternel ;
> « La terre n'a plus de prémices,
> « Pour la pompe des sacrifices,
> « Ni pour le culte de l'autel. »
>
> *Le Franc, Poésies Sacrées.*

QUELLE est la situation présente de l'Eglise gallicane, ou quel est l'état actuel de la religion catholique en France? Est-elle véritablement religion de l'Etat? Est-elle dominante, est-elle protégée? Est-elle véritablement laissée à la liberté de chacun? Est-elle persécutée? Telles sont les questions qui se sont d'abord présentées à mon esprit en réfléchissant sur les moyens de conserver et faire revivre partout en France la foi, la piété, les bonnes mœurs et la civilisation. Mon cœur s'est trouvé comme plongé dans un Océan de douleur en voyant les grandes tribulations et l'état désolant de cette chère église de France, la plus illustre par ses prérogatives et son antiquité après celle de Rome, et jadis si riche et si belle par ses lumières, ses vertus, ses monumens, ses institutions. Comme elle est déchue de sa grandeur! où trouver quelque chose de semblable dans les annales de la religion? Comment décrire les grandes calamités qui pèsent sur elle depuis trop long-temps? Je ne me suis pas senti le courage de répondre à ces questions, à cause des réflexions trop douloureuses et trop humiliantes pour ma patrie qui se présentoient en foule à mon âme affligée. D'un autre côté, je me reprochois un silence que j'avois bien de la peine à garder, car j'aurois éprouvé un soulagement à ma douleur en exprimant librement mes sentimens et mes pensées sur un sujet qui m'intéressoit si vivement et qui a toujours été le plus cher à mon cœur.

Si oblitus fuero tui, Jerusalem, oblivioni detur dextera mea. Adhæreat lingua mea faucibus meis, si non meminero tui; si non proposuero Jerusalem in principio lætitiæ meæ.—Malheur à moi si je t'oublie un seul jour, Église catholique! mais non, je ne le pourrai jamais; je m'oublierois plutôt moi-même! Que ma langue se sèche donc et demeure immobile dans mon palais, si tu n'es pas toujours la première dans mon souvenir; si après Dieu tu n'es pas toujours la première dans tous mes sentimens; tes tribulations, les perfidies et les ingratitudes de tes enfans, voilà ma douleur; tes triomphes et leurs vertus, voilà ma joie; ce n'est qu'avec toi et dans ton sein que je puis me consoler ou me réjouir.

Je ne suis pas le seul à pleurer les maux de la religion et de l'Eglise, partout on entend les gémissemens et les justes réclamations des catholiques qui se plaignent d'avoir été les seuls privés de la liberté des cultes proclamée par la Charte, d'avoir été les seuls impunément insultés et vexés de mille manières dans l'exercice extérieur de leur religion. Cette religion est cependant, par le droit, religion de l'Etat, puisque la France, depuis qu'elle est France, a toujours été catholique, et ses princes, rois très-chrétiens, fils aînés de l'Eglise, ses premiers et ses plus zélés défenseurs, et que jusqu'à l'Assemblée, qui s'est dite Constituante, (sans s'apercevoir que, comme les ennemis de la foi, elle se donnoit un nom ironique,) elle a été mêlée à toutes nos lois, à toutes nos institutions et fait même partie de notre législation. Elle est dominante par le fait, puisque depuis Clovis elle a toujours été et est encore la religion de l'immense majorité des Français; elle est même la seule connue, dans la plupart de ses provinces, notamment dans les plus florissantes du côté du bon esprit, des bonnes mœurs et de la probité. « Cette religion est cependant attaquée de « toutes parts; ses ennemis semblent réunir toutes « leurs forces contre elle, et ne se proposent rien « moins que de l'anéantir dans ce royaume, au- « trefois si chrétien et si fidèle. Les livres impies « volent et se répandent, les doctrines perni- « cieuses *gagnent comme la gangrène*; les déri- « sions, les satires, les calomnies, sont prodiguées « à l'envi aux hommes apostoliques, aux mission- « naires pleins de zèle qui se consument, avec un « succès si marqué, à prêcher le retour à la foi, « et par suite à la paix, au bonheur. Pour comble « d'afflictions, nous avons vu bannir publique- « ment des lois répressives le nom de la religion, « et *rejeter* ainsi *la pierre augulaire* sans la-

« quelle il ne sauroit y avoir d'édifice social. (1) » Nous nous trouvons partout environnés de ruines et au milieu d'une désolation et d'une confusion épouvantables; les impies se sont glissés, multipliés partout; ils ont entravé toutes les négociations, trompés, corrompus tous les cabinets, empêché l'exécution des traités les plus sacrés et les plus solennels entre les rois et les pontifes, et des souverains entr'eux; ils ont porté la main sur tout ce qu'il y a de plus saint; ils ont sifflé, grincé des dents, menacé de tout dévorer, produit parmi nous des scandales nouveaux sous le soleil : car, a-t-on jamais vu, chez les nations idolâtres les plus stupides et les plus barbares, pousser le fanatisme de l'impiété jusqu'à exclure de tous les codes le nom de religion ? jusqu'à établir des lois athées, des lois protectrices de l'impiété, cause naturelle et essentielle de tous les crimes et de tous les désordres; des lois justificatives de toutes les révoltes et de tous les attentats ? A-t-on jamais vu des lois si absurdes dans leur principe et si atroces dans leurs résultats ? Et c'est dans l'assemblée des députés et soi-disant représentans d'une nation civilisée, d'une nation chrétienne, très-chrétienne, qu'on a vu un pareil scandale nouveau sous le

(1) Lettre de MM. les cardinaux, archevêques et évêques, au Saint-Père, le 30 mai 1819. (Paris, A. Egron.)

soleil, et le soleil ne nous a pas refusé sa lumière! O longanimité; ô patience de l'Eternel, que vous êtes grande! que vous êtes admirable! Mais souvenez-vous, Seigneur, que ce n'est pas la nation, ni le monarque et les princes qu'elle adore qui se sont rendus coupables de pareils blasphêmes et de pareilles horreurs; ce sont des particuliers qui ont voulu la déshonorer et la tyranniser comme la *Convention* et qu'elle renie de même. Elle n'a cessé de réclamer contre une pareille oppression et un pareil déshonneur, elle se glorifie d'avoir encore ses Esdras dans ses augustes assemblées, et ses Machabées dans ses légions et dans les phalanges qui veillent autour du trône.

L'Eglise peut dire aujourd'hui, comme son auguste chef sur la croix : « O vous tous qui tra-« versez cette terre d'angoisses et de tribulations « de toutes sortes, voyez s'il fut jamais douleur « pareille à ma douleur? » Pour nous ses enfans, à force de pleurer et de gémir, notre force est épuisée; et comment en seroit-il autrement, en voyant nos prêtres consumés, les vieillards tombant aux portes du sanctuaire, sans pouvoir être ni secourus, ni remplacés; l'auguste épouse de Jésus-Christ, notre sainte et tendre mère, à qui nous devons tout, semblable à la fille de Sion, ne pouvoir plus faire entendre qu'une voix mourante?

Tandis que pour sa dernière consolation et lui conserver l'espérance, des plumes savantes continuent à défendre ses droits, ses prérogatives, et ses libertés naturelles, je dirai que les principaux moyens de réparer le mal qu'on lui a fait, et de faire refleurir parmi nous la foi, les bonnes mœurs, la justice et la probité, sont: 1° l'éducation de la jeunesse, ou l'enseignement public; 2° les missions; 3° la perpétuité du sacerdoce avec le renouvellement et l'observance de la discipline ecclésiastique, et par conséquent les institutions et établissemens relatifs à ces trois grands objets. Nous dirons ici un mot sur l'éducation et sur les missions. En réfléchissant sur le renouvellement et l'observance de la discipline ecclésiastique et les moyens propres à favoriser la perpétuité du sacerdoce, ce sujet nous a paru par sa nature et par son importance devoir être traité à part. C'est pourquoi nous n'en parlerons point dans cet ouvrage; nous nous en occuperons ensuite si nos travaux et notre position nous le permettent. Mais vous seul, Seigneur, savez à quels travaux, ou à quelles nouvelles épreuves vous nous destinez; du moins vous servir, et servir l'Eglise selon nos très-foibles moyens, sera l'unique but de nos projets, de nos démarches et de toutes nos œuvres.

CHAPITRE XIII.

DE L'ÉDUCATION EN GÉNÉRAL.

> Elevez bien votre fils, et il vous consolera ; corrigez-le avec soin, et il deviendra les délices de votre âme.
>
> *Prov.*

L'HOMME en naissant porte dans ses facultés de connoître, d'aimer et d'agir, dans ses penchans et dans son libre arbitre, le germe de toutes les vérités et de toutes les erreurs, de toutes les vertus et de tous les vices. Ce germe se développe dans chaque individu avec des nuances infinies, provenant chacune de plusieurs causes. Des arbres d'une même espèce, plantés ou semés sur un même sol, et recevant la même culture, ne parviennent pas à la même hauteur, ne produisent pas la même abondance de fruits ; il n'y en a pas deux qui se ressemblent parfaitement par leur taille, par la forme et le nombre de leurs branches. Pas une de leurs feuilles, tout-à-fait semblable à une autre, dans sa forme et ses dimensions ; que de nuances encore dans le beau coloris et l'admirable tissu de leurs fleurs ! Mais la différence devient plus sensible, et surtout pour les fruits entre des arbres d'une même espèce, qui croissent dans des climats divers, dans des terrains différens, et avec des cultures différentes. Cette admirable variété est la première beauté de l'art et de la nature : c'est pourquoi nous l'aimons, nous la cherchons partout, jusque dans nos amusemens et dans les choses les plus communes et les plus nécessaires. Une grande variété règne aussi parmi les hommes descendant d'un même père ; elle s'y propage et s'accroît de génération en génération, à mesure qu'ils se multiplient et se répandent sur la surface de la terre ; elle est produite et entretenue par une multitude de causes physiques et morales, qu'il n'entre pas dans notre plan de développer. C'est ainsi que chacun a ses traits, sa taille, ses formes, sa trempe d'esprit, son caractère et ses goûts, qui le distinguent des autres hommes. C'est ainsi que tous les hommes ont une conscience, mais chacun l'a plus ou moins délicate, plus ou moins éclairée, plus ou moins d'accord avec sa conduite, et en paix avec soi-même et avec Dieu. Tous ont une imagination, dans laquelle viennent se peindre avec leurs différentes relations, non-seulement les êtres sensibles existant dans la nature, mais des millions d'êtres purement possibles, qu'elle semble créer, comme pour montrer par là, d'une manière sensible, combien notre âme est faite à l'image de son Auteur. Mais qui pourroit comprendre et expliquer les nuances infinies que cette merveilleuse faculté présente dans chaque homme, par sa vivacité, sa fécondité, la beauté, l'expression ou la vérité de ses tableaux? Tous les hommes ont un cœur : mais quelle différence, grand Dieu! dans leurs affections et dans leurs sentimens! Cette prodigieuse diversité est produite par la nature, par les climats, par la société, par les événemens, et surtout par la culture de l'esprit et du cœur.

Les hommes naissent dans la société, et s'y forment pour y produire des fruits de vie ou de mort, de bien ou de mal, pour le vice ou la vertu de deux manières : la première, par le développement naturel des organes et des facultés, et par l'impression que les objets extérieurs font sur nos organes, sur nos sens, et par eux sur nos penchans et sur notre âme ; la seconde, par la manière et les soins avec lesquels nos parens et nos premiers guides cultivent notre esprit et notre cœur, par les différentes études, et surtout par les premières idées et les premiers sentimens qu'on imprime dans notre âme, et les premières habitudes qu'on nous fait contracter.

Le défaut de culture ou d'éducation fait l'homme sauvage; une culture habile et soignée, ou la bonne éducation civilise l'homme, forme l'homme de bien, la société des bons, la cité de Dieu. Une fausse ou mauvaise éducation, dégrade, déprave l'homme, forme la société des méchans, et par les voies tortueuses et ténébreuses du crime et de l'erreur, conduit les peuples de l'état civilisé à l'état barbare. Il y a depuis long-temps, en France et en Europe, conspiration contre la véritable éducation, parce qu'elle conserve et propage la tradition de tout ce qui est propre à rendre l'homme juste et henreux, dans toutes les situations de la vie, à nous perfectionner dans tous les genres de bien, et à assurer la tranquillité et la prospérité des Etats; comme il y a en général conspiration contre la foi et contre la justice.

La différence d'éducation ou la différente manière dont les hommes sont aujourd'hui formés en France pour la société, y établit dans toutes les classes et d'une manière bien distincte trois sortes d'hommes. D'abord le défaut de culture ou d'éducation concourt avec la dépravation du siècle, à créer une nouvelle race d'hommes, une nouvelle nation, pour laquelle l'ordre et le bien moral semblent être suspendus, qui n'a ni passé ni avenir, et qui se hâte de tout dévorer et de se dévorer elle-même dans un présent plus rapide que l'éclair, avant-coureur de la foudre, si propre à nous donner une légère idée du passage de quelques générations sur cette terre.

La bonne éducation donnée par la vraie religion, dans laquelle seule se trouve le développement des facultés morales et intellectuelles par la vérité et la vertu, qui seules peuvent les remplir, les étendre, les biens diriger, et qui, en les perfectionnant et les élevant sans cesse, nous unissent à la souveraine intelligence, au bien suprême, y perpétue la société des honnêtes gens, des gens de bien, des enfans de Dieu remontant jusqu'à Seth. C'est elle qui donne l'héroïsme de la vertu; qui féconde et épure tout ce qu'il y a de générosité, de grandeur, de délicatesse, de sentiment dans les âmes bien nées; c'est elle qui ennoblit et perfectionne cette civilité, cette urbanité, qui a rendu la nation Française la plus polie et la plus aimable de la terre, parce qu'elle s'étoit plus pénétrée du véritable esprit du Christianisme, et avoit mieux suivi sa douce impulsion dans ses procédés, dans ses manières et dans ses œuvres.

Enfin, une fausse et mauvaise éducation, qu'on peut appeler anti-chrétienne et anti-sociale, qui a commencé à s'introduire en France à l'époque de la destruction d'une société célèbre, y a fait, depuis la révolution surtout, tant de progrès, et menace aujourd'hui de l'envahir, y forme pour la société cette autre espèce d'hommes qui ne font plus le mal par foiblesse, par entraînement, mais par principe, et en s'efforçant d'organiser le désordre. Non-seulement ils propagent la société des méchans qui remonte à Caïn; mais ils s'efforcent d'éteindre en eux tout ce qui peut y rester de bien; d'ôter à ceux qu'ils séduisent tout moyen de retour à la vertu, et de les entraîner dans une guerre à mort contre la société des bons.

Disons un mot de chacune de ces trois manières par lesquelles les hommes viennent prendre leur place sur le sol de la patrie, en se divisant, dans tous les états et dans toutes les conditions, en trois rangs très-distincts. Ce coup d'œil rapide nous montrera le premier, l'unique moyen de rendre les hommes véritablement grands et heureux dans les différentes classes de la société.

CHAPITRE XIV.

DÉFAUT D'ÉDUCATION.

La vérité et la vertu n'existent point où Dieu n'est pas connu.

Il n'y a point d'éducation chez le peuple privé de ses pasteurs et des secours de la religion, parce qu'il y a ignorance preque absolue des devoirs et des destinées de l'homme. Il n'y en a pas non plus dans les familles de toutes les classes de la société, où la religion, sans être méprisée ni insultée, est oubliée, ou ignorée et traitée avec indifférence ; ou il n'y a qu'une éducation superficielle pour régler seulement des formes extérieures, apprendre à suivre les modes de chaque jour, et à se conformer à certains usages, selon le rôle qu'on veut jouer dans le monde. Car le cœur de l'homme n'est élevé que par la vertu, et son intelligence par la vérité. Or, sa religion est tout à la fois la première vérité à connoître, est le premier devoir à remplir, et dans elle se trouve la première source et le premier fondement de toutes les vérités et de toutes les vertus morales, civiles ou politiques. Sans elle, tout ce qui forme l'honnête homme et l'homme honnête demeure dans l'inconnu, dans le vague, dans l'incertain. L'amour-propre en prend au hasard ce qui le flatte et le nourrit. Et comment pourroit-on bien régler, pour toutes les occasions les plus difficiles et les plus délicates, la langue et les procédés, quand il n'y a aucune règle fixe pour les pensées et les sentimens, aucun but déterminé pour les désirs et les espérances, aucun frein pour les passions, rien de positif sur l'origine et la fin dernière de l'homme, sur le sort immortel du vice et de la vertu? Avec cette prétendue éducation qui façonne l'extérieur seulement, on se pique de politesse, et on ignore ce qu'on doit respecter, et on manque tous les jours aux premières règles de l'honnêteté, de la modestie et de la pudeur : et c'est en multipliant ces transgressions avec art et par des formes plaisantes, mais injurieuses à la piété et à la vertu, qu'on prétend se rendre aimable dans un certain monde qui cependant se croit bien civilisé. Que fait-on donc en séparant la religion de l'éducation qu'on donne aux enfans? On les élève pour un monde qui ne fait que des dupes et des esclaves, qu'ils parcourront peut-être, sans y être aperçus, en courant en grande hâte, vers un monde éternel, comme on élève des acteurs et des actrices pour le théâtre. On fait moins pour eux que pour les animaux ; car on dompte ceux-ci, et on livre ceux-là à toute la fougue des passions. Alors qu'arrive-t-il ? Les passions et les vices, dont le germe est dans la concupiscence, premier fruit du péché d'origine, se développent par les scandales de la famille et de la société, et par les fausses maximes du siècle. Les vices s'enracinent, se fortifient par l'habitude, les passions s'irritent, s'enflamment par les écarts de l'imagination, par les mauvaises lectures et l'insatiabilité qui leur est naturelle. Leurs désordres et leurs combats entre elles, et contre la raison et la conscience, produisent dans l'âme une espèce d'anarchie épouvantable : celles qui, dans ce conflit et cette guerre intestine, l'emportent, en deviennent des tyrans ou des despotes qui règlent tout par leurs caprices, et ne consultent dans leurs hésitations que l'orgueil. Dirigés par ce maître impérieux, et à l'aide des fausses doctrines que ses premiers disciples répandent dans le monde, elles font leur apothéose pour consolider leur usurpation ; elles s'érigent en fausses divinités, et veulent être honorées comme l'étoient les plus infâmes et les plus cruelles divinités du paganisme. C'est alors surtout que le crime ose tout, que le vice le plus ignominieux est encensé, que l'homme va toujours s'avilissant et se dépravant par le contact et l'impulsion de toutes les passions et de tous les désordres, par l'influence de tous les scandales, de toutes les erreurs, de tous les faux et absurdes systèmes des sociétés qu'il fréquente.

CHAPITRE XV.

DE LA VÉRITABLE ÉDUCATION.

La vérité et la vertu sont la vie de notre âme.

ÉDUCATION signifie culture et développement. Notre esprit se cultive et se perfectionne par la perception, l'étude et la méditation de la vérité, et notre cœur par l'amour et la pratique de la vertu.

La véritable éducation doit enseigner à l'homme ce qui est nécessaire à sa perfection et à son bonheur : elle doit lui donner les connoissances qu'il est capable de recevoir, et qui lui sont utiles dans sa profession, ou dans le genre de vie auquel la providence le destine. Elle doit faire paroître et fructifier tout ce qu'il y a de bon, de beau et de grand dans l'âme; déraciner doucement les vices d'une nature engendrée dans l'iniquité, faire insensiblement disparoître les défauts du caractère ou les métamorphoser adroitement en bonnes qualités et en vertus; enfin, elle doit redresser, rectifier, ennoblir, perfectionner tout l'intérieur et tout l'extérieur de l'homme.

La religion seule peut donner la véritable éducation, parce qu'en elle seule se trouve la tradition permanente de tout ce qui est vrai et juste, de tout ce qui est beau, grand et bon. Elle est la première loi du monde moral, la vie des intelligences, le lien nécessaire du temps à l'éternité, de la terre au ciel. Elle peut nous faire surmonter les plus fortes tentations, résister à tous les attraits, à toutes les séductions du vice, éviter tous ses piéges, pratiquer partout la vertu, en faisant servir toutes choses à notre perfection et à notre bonheur, parce qu'elle a, dans la foi et dans la charité, des consolations ineffables pour toutes les afflictions, et des remèdes pour toutes sortes de douleurs que le monde ne peut connaître; enfin une force toute céleste, toute divine, qui, si nous voulons, peut nous rendre invincible à tous les traits du monde, de la mort et de l'enfer. Elle est tout à la fois la force, l'espérance et la gloire de l'innocence qu'on immole ou qu'on foule aux pieds. Elle nous montre, dans l'infinité des perfections de Dieu, la clef de tous ses mystères, des mystères de la nature et de l'homme. Elle est le principe et la base de toutes les connoissances, comme de toutes les vertus; elle féconde le génie, en même temps qu'elle sanctifie les œuvres, règle la conduite, et déifie le cœur. Comme c'est du tronc de l'arbre que les branches reçoivent leur vie végétale, leur accroissement et cette fécondité qui produit les feuilles, les fleurs et les fruits, selon les saisons; ainsi c'est de la science de la religion que toutes les autres connoissances tirent leur certitude, leur beauté, leur utilité, et, si l'on peut s'exprimer ainsi, leur vie, leur harmonie, et toute leur excellence. Car que peut-on voir dans la nature entière, quand on ne voit pas Dieu? De quelle chose peut-on trouver le vrai principe, la véritable et dernière fin? N'est-ce pas en nous parlant de Dieu, que toutes les créatures nous disent la raison de leur être et de toutes les merveilles qui s'offrent à nous de toutes parts?

Dans la religion seule, se trouve donc tout ce

qui est nécessaire pour donner une éducation véritable, une éducation parfaite. Les règles de cette solide éducation se conservent dans ces familles recommandables, dispersées dans tous les rangs de la société, pour en être la conservation, l'honneur et la gloire, où la vertu, la sagesse et la piété semblent être héréditaires; et dans ces nobles et si utiles institutions religieuses, établies exprès pour les conserver et les perfectionner; je veux dire, ces sociétés toutes dévouées au service de Dieu et du prochain, et principalement destinées à propager et perfectionner l'enseignement de la religion, des lettres, et des sciences à l'enfance et à la jeunesse. Nous ne pouvons montrer ici dans toute son étendue le prix et les avantages d'une éducation chrétienne, car nous voulons tout abréger le plus qu'il nous sera possible. Pour en avoir une idée, écoutez la religion elle-même dans les avis qu'elle donne sur cette matière aux parens et aux maîtres.

« Considérez, leur dit-elle, considérez la noble et importante fonction que vous avez à remplir. Ces enfans confiés à vos soins, sont les enfans adoptifs du Très-Haut; vous êtes chargés à leur égard du ministère le plus grand, le plus sérieux, le plus intéressant et le plus essentiel pour le bonheur du genre humain. Vous devez être les anges gardiens visibles de vos enfans et de vos élèves et les regarder comme les enfans bien-aimés du roi des rois que vous êtes chargés de cultiver et de former d'une manière digne de lui conjointement avec les princes de sa cour, qui veillent autour d'eux tout en contemplant la face du Père céleste. Vous partagez le pouvoir, la paternité, les droits que Dieu a sur les êtres intelligens de l'univers. Vous assurez à l'Eglise des enfans dignes d'elle, des vrais disciples de Jésus-Christ le saint des saints; à la patrie des sujets vertueux, éclairés, et qui lui sont vraiment dévoués; aux enfans, le bonheur de la vie présente et de l'éternité. Souvenez-vous donc que le grand art d'instruire et de former la jeunesse, n'est pas seulement un art, une science: c'est quelque chose de plus, c'est quelque chose de divin, c'est une nouvelle création, c'est le perfectionnement de toutes les facultés et de tous les dons qu'on a reçus de la nature, ou plutôt de l'auteur de tous les biens par la naissance. Gardez-vous donc bien de partager les fausses idées et les bas sentimens de ces âmes vénales qui font une espèce de métier de la plus importante et de la plus noble des fonctions, fonction qui décide ordinairement du sort des individus et des familles et semble régler la destinée des empires; fonction dont les suites sont irréparables, dont l'influence s'étend sur toutes choses et jusque sur l'éternité, en traversant les générations et les siècles. Comme toutes les autres elle peut être plus ou moins bien remplie; mais sa durée est indépendante des hommes, elle est fixée par la nature ou plutôt par son auteur et comprend le temps de l'enfance, de l'adolescence et de la première jeunesse. Cependant on ne rougit point aujourd'hui, de la réduire en simples leçons comme l'étude d'un art d'agrément ou l'apprentissage d'un art mécanique qui en sont des accessoires et qui varient selon les rangs, les besoins et les goûts. On va jusqu'à exalter et propager scandaleusement des méthodes artificielles qui ne sont que des routines mises machinalement en usage, pour accélérer une transmission de sons ou de figures, en négligeant et méprisant le fond et l'essentiel de l'éducation et inspirant ce mépris à une jeunesse qu'on scandalise et qu'on jette ensuite dans l'oisiveté, source et maîtresse de tous les vices. Pour vous, rappelez-vous, sans cesse, que vous avez, dans vos enfans et dans vos élèves, des talens naissans à découvrir, à cultiver à propos; un cœur à agrandir, à ennoblir, à diriger vers le bien, avec droiture, avec simplicité et avec sagesse, en les rendant solidement vertueux sans être méticuleux ni minutieux; un esprit à cultiver, à orner de connoissances analogues à leurs talens, au rang et aux emplois qu'ils devront tenir dans le monde; un goût à discerner, à diriger vers ce qui est solide et véritablement beau; un caractère à rectifier, un jugement à éclairer. Vous devez le faire avec ordre, par degrés et d'une manière proportionnée à leur âge, à leur tempérament et au développement progressif des organes et des facultés. Rappelez-vous surtout, que vous avez des âmes innocentes, précieuses aux yeux de Dieu, rachetées par le sang de son divin Fils et devenues les temples vivans du Saint-Esprit à préparer à la piété, mais toujours en suivant doucement les opérations de la grâce, évitant avec le même soin de la prévenir ou de l'arrêter : car dans cette voie on ne peut agir ni marcher sans elle. Mais sachez bien que vous ne pourrez connoître et montrer aux autres la voie unique dans laquelle se trouve ce qui fait le parfait honnête homme qu'après l'avoir bien parcourue par vos progrès dans les vertus et dans la justice chrétienne.

Obligés de répéter souvent les mêmes avis, que la manière dont vous les donnerez soit toujours inspirée par une sincère et tendre amitié, et variée avec habileté à l'infini, afin que non-seulement ils les reçoivent toujours sans dégoût, mais encore avec plaisir et reconnoissance. Voyez tout, observez tout, mais ayez l'air de ne point apercevoir une multitude de fautes légères, que vous ne pourriez approuver, mais que l'âge et la réflexion corrigeront facilement sans votre intervention. Faites-vous une étude de leur épargner les corrections, ou de les rendre du moins extrêmement rares. Il faut que celles qui sont inévitables portent ce caractère de calme, de douceur et de fermeté, qui les rend efficaces et leur concilie l'estime et le respect. Qu'une aimable gravité fasse respecter vos préceptes, et reconnoître dans vos réprimandes le zèle de l'amitié. Un bon mentor doit, par sa conduite exemplaire, par ses manières, ses procédés et ses relations avec ses élèves, mériter leur respect, leur confiance, et être considéré comme leur plus sage et leur meilleur ami. Avec ces soins et une semblable éducation, les enfans passent de l'innocence à la vertu ; le règne de la justice n'a point d'interruption dans leur âme, et si on ne peut prévenir toutes leurs chutes, tous les écarts de l'âge, des passions, on donne à ces écarts des barrières insurmontables, on empêche les progrès du vice, et on leur donne des moyens presque infaillibles de réparer leurs fautes, et de retourner à la vertu. Une triste expérience prouve, qu'instruire les personnes d'un âge avencé qui n'ont point reçu d'éducation, ou n'en ont reçu qu'une mauvaise, c'est le plus souvent semer dans une terre stérile qui produit peu ou point de fruit; mais instruire et bien élever la jeunesse, est, bien plus qu'on ne pense, semer toujours en bonne terre. La bonne éducation est, par elle-même, une semence toujours féconde, elle ne fructifie pas partout de la même manière, ni dans la même saison; mais tôt ou tard elle porte infailliblement son fruit dans chaque terre.

Nous ne pouvons mieux terminer ce chapitre, que par un précis des leçons que la religion catholique doit donner, et donne effectivement aujourd'hui parmi nous à ses enfans du premier âge.

Venez, mes enfans, leur dit-elle, approchez-vous de moi, et je vous enseignerai la crainte du Seigneur. *Venite, filii, audite me et timorem Domini docebo vos.* Désirez-vous une longue vie, des jours heureux, la possession des biens véritables? Gardez donc votre langue de tout mal; ne souillez point vos lèvres par le mensonge, par des discours trompeurs, ou des paroles capables de faire rougir la pudeur. Chérissez cette aimable et angélique vertu; mettez toute votre gloire à la conserver intacte, aussi bien que la probité. Eloignez votre main et votre cœur de tout mal, et ne laissez échapper aucune occasion de faire le bien qui dépend de vous. Aimez et louez le Seigneur, mes chers enfans, et bénissez à jamais son saint nom : *Laudate, pueri, Dominum, laudate nomen Domini.* Car c'est de la jeunesse et de l'enfance même que Dieu tire la louange la plus parfaite, parce qu'il aime à être béni et adoré par l'humilité, la candeur et l'innocence. Pour le louer dignement, ayez grand soin de conserver votre âme pure devant lui, de cultiver la vertu, et d'y faire chaque jour de nouveaux progrès, particulièrement par vos désirs : car c'est surtout la bonne volonté que Dieu demande de vous dans vos premières années. Vous pourrez alors vous tenir en paix devant votre Père céleste, mettre en lui toute votre confiance, parce qu'il vous accordera les demandes de votre cœur. Il vous regardera avec une tendre affection ; il vous aimera d'un amour de prédilection, et dirigera vos pas dans la route du vrai bonheur, par le ministère de ses anges. Si, lorsque votre éducation sera finie, et que vous irez continuer votre voyage de la terre au ciel, au milieu de la mer orageuse de ce siècle, vous vous souvenez de votre Créateur tous les jours de votre jeunesse, si votre bouche est remplie de ses bénédictions pour célébrer sa magnificence, et le glorifier jusqu'au milieu d'un monde corrompu, jusque dans l'assemblée des pécheurs, il ne vous rejettera pas dans le temps de votre vieillesse. Lorsque vos forces viendront à défaillir, vous vous trouverez heureux de pouvoir lui dire avec une confiance inébranlable : O Dieu ! qui êtes mon rocher, ma forteresse, tout mon appui, toute mon espérance, j'ai annoncé vos merveilles jusqu'à présent, parce que vous m'avez instruit dès ma jeunesse ; instruisez-moi, conduisez-moi de même jusque dans l'âge le plus avancé, jusqu'aux derniers jours de mon pèlerinage : car, ô mon Dieu ! vous seul êtes mon salut et mon asile. Alors le Seigneur qui aime l'ordre, qui n'abandonne jamais ceux qui se rendent dignes d'être les objets de ses miséricordes, vous conservera dans tous les siècles et durant l'éternité, vous fera posséder la terre des vivans, la terre des saints ; vous y fixerez votre séjour à jamais, et y serez comblés d'ineffables délices. Faites donc revivre parmi nous le siècle d'or de l'Eglise, et nous verrons refleurir la prospérité, la sécurité, l'abondance dans le commerce, dans l'agriculture ; tous les cœurs seront unis et contens. C'est en votre faveur, et pour que vous fussiez épargnés, que Dieu ne nous a pas abandonnés à la fureur de nos ennemis étrangers et domestiques. Ce sera à votre fidèle observance des préceptes du Seigneur et de son Eglise, à vos vertus, à votre reconnoissance pour les bienfaits extraordinaires de sa miséricordieuse Providence, que nous devrons la prolongation de la paix, la conservation de la foi, des jours plus prospères et plus heureux.

C'est donc aux auteurs et aux propagateurs de l'éducation chrétienne, que les particuliers, les familles et les peuples sont redevables de leurs biens les plus précieux ; ils sont les premiers bienfaiteurs de la patrie et du genre humain. Car « c'est une maxime (1) constante pour « l'expérience, et consacrée par l'Esprit Saint : « la voie qu'aura suivie le jeune homme, il ne « s'en écartera pas même dans sa vieillesse. La « piété qu'on lui a inspirée devient la vertu par- « ticulière et propre de chacune de ses situa- « tions ; elle le rend modéré dans la prospérité, « ferme dans les revers, affable dans les dignités, « noble dans les disgrâces, charitable dans la « richesse, résigné dans la pauvreté, laborieux « dans la santé, patient dans les maladies. Res- « tant toujours chrétien, il est toujours ce qu'il « doit être. O combien seroit heureuse, com-

(1) Le cardinal de la Luzerne.

« bien seroit florissante la société où une telle « éducation seroit reçue par tous les enfans! « combien en peu de temps seroit changée la « face de la terre! Nous verrions les maisons de- « venues des habitations de paix, et non plus de « discordes; les églises des lieux de prières, et « non plus de dissipation; les cercles des assem- « blées d'édification, et non plus de scandales; « les conversations des écoles de vertu, et non « plus de vice; la cour un foyer de patriotisme, « et non plus d'intrigues; le barreau un modèle « d'équité, et non plus de chicanes; les comp- « toirs des bureaux de charité, et non plus de « fraudes; la société entière un théâtre de reli- « gion, et non plus d'égoïsme. »

CHAPITRE XVI.

DE L'ÉDUCATION ANTI-CHRÉTIENNE ET ANTI-SOCIALE.

Voici le plus grand de tous les maux.

L'ÉDUCATION anti-chrétienne et anti-sociale est celle dans laquelle, soit dans la théorie, soit dans la pratique, les dogmes et les préceptes de la religion en général, et de l'église catholique en particulier, sont placés au dernier rang des connoissances à acquérir et des règles à observer; ou traités comme des fables, des superstitions, ou des préjugés populaires. Qu'est une pareille méthode d'enseignement, sinon une répétition journalière de blasphèmes, une continuelle action d'impiété, ordinairement accompagnée d'horribles scandales pour les mœurs et la subordination? Elle met le mensonge et l'erreur à la place de la vérité, le vice à la place de la vertu; ou plutôt elle est la destruction de la vérité, de la pudeur, de l'obéissance, de la probité, de toutes les vertus et du premier fondement de la morale.

Dans les livres qu'elle préconise et distribue, elle indique, elle ouvre toutes les sources empoisonnées du crime, de la rébellion et du désordre; sa philosophie n'est autre chose que l'art de se passer de tout culte, de toute morale, de les mépriser et de les combattre pour étouffer les remords, et se plonger, sans honte et sans frein, dans toutes sortes d'excès : elle est dans la société le premier foyer de tout genre de corruption, de l'insubordination et de l'anarchie.

Les parens et les maîtres qui donnent un pareil enseignement, les auteurs qui le préconisent, et tous ceux qui, par haine ou par prévention contre le Christ, contre son église, ses ministres et ses institutions, travaillent à le propager, ou y concourent par intérêt ou par quelque autre passion, sont donc les plus grands ennemis des enfans, de l'homme et de la société, les plus dangereux suppôts de l'enfer, et en quelque sorte les êtres les plus malfaisans, les premiers génies du mal. Et puisqu'il est permis de crier au feu lorsque de vastes incendies consument les villes et les provinces, de parler lorsque tout en fait un devoir, l'humanité, l'amour de la patrie, l'amour du bien, le zèle de la religion, le caractère sacré dont on est revêtu, qui nous impose l'obligation sacrée de défendre la cause de Dieu, la cause de l'église et de l'humanité, nous dirons contre les auteurs et les propagateurs de ce pernicieux enseignement, que nous ne voulons pas désigner, mais qui ne se font malheureusement que trop connoître par leurs œuvres, que leur crime est le comble de la scélératesse, celui qui suppose plus de bassesse, de corruption, de perfidie, et dont les suites sont les plus funestes et les plus irréparables. Il est impossible à tout l'enfer réuni de faire un plus grand mal; et si on y ajoute, comme on a fait jusqu'à ce jour, depuis trop long-temps, la persécution contre l'éducation chrétienne, il est impossible de faire le mal d'une manière plus despotique et plus outrageante, plus lâche et plus atroce.

Quel mal plus grand en effet que de détruire tout l'homme moral? que de déraciner, de brûler dans l'âme des enfans et des jeunes gens tous les germes de vertu, pour y semer à la place tous les vices, tous les désordres, toutes les diaboliques rêveries et les atroces absurdités de l'athéisme? que d'exciter, d'alimenter toutes les passions, toutes les fureurs et tous les fanatismes de l'impiété? N'est-ce pas avec une espèce d'acharnement et par toutes sortes de moyens et d'artifices que la secte révolutionnaire et philosophique a travaillé, jusqu'à ce jour, à répandre partout son système d'éducation anti-chrétienne et anti-sociale? Et pourquoi? Pour ravir aux enfans leur innocence, pour leur enlever, par l'astuce, par la violence, par le droit du plus fort, le précieux héritage de la foi de leurs pères, pour leur ôter tous les moyens de connoître la vérité, de cultiver le premier, le plus nécessaire de tous les biens, la vertu; d'entrer dans les voies de la justice, les seules qui conduisent au séjour de la paix et de la félicité. Qu'on me dise s'il peut y avoir de plus grande lâcheté que d'attaquer de la sorte des enfans qui n'ont aucuns moyens de défense. Ajoutez qu'on a soin de couvrir de fleurs l'entrée des affreux abîmes vers lesquels on les pousse et les précipite, et de délayer dans du miel le poison qu'on leur fait avaler pour altérer et détruire leur raison et leur conscience.

Que vous ont fait ces générations naissantes et celles qui ne sont pas encore, pour conspirer avec tant de fureur contre elles ? quel esprit vous porte à détourner pour elles et pour la patrie toutes les sources de prospérité, de gloire et de bonheur ? pour leur tendre partout des piéges et leur préparer avec tant d'ardeur ces poisons de la mort éternelle, ces poisons qui doivent abréger leur vie et la rendre un délire affreux de concupiscence, d'orgueil et de désordre? Pourquoi tendre tant d'embûches, réunir toutes vos armes, livrer de si terribles combats contre l'enfance, avant même qu'elle entre au berceau? Oh! de grâce, cessez une guerre qui vous rend pires que les antropophages, puisqu'après vous être rassasiés de la chair et du sang des hommes, vous détruisez, vous dévorez aujourd'hui les âmes et surtout les jeunes âmes avec tant de fureur. Rougissez-vous devant l'innocence et la vertu ? Le monde est aujourd'hui assez régénéré à votre façon pour que dans ses nombreuses assemblées, vous évitiez facilement leur rencontre.

Aimez-vous la confusion, le désordre? il est assez grand, il ne peut s'accroître sans vous détruire vous-même. Vous plaisez-vous dans les ténèbres? elles sont assez épaisses. Sont-ce les ruines et les décombres qui vous flattent? Hélas! vous ne pouvez faire un pas sans en rencontrer. Reposez-vous donc, regardez le mal que vous avez fait, contemplez vos œuvres de destruction, si vous voulez jouir de l'impossibilité où l'on sera pendant longtemps de les réparer. Voyez, malheureux! de quel affreux déluge de maux vous avez couvert cette belle France, cette chère patrie dont vous vous disiez les meilleurs amis, les plus zélés défenseurs. Hélas! en ne commençant qu'aujourd'hui à opposer des digues au torrent dévastateur du système anti-chrétien et anti-social introduit dans l'éducation publique, le mal qui est déjà fait et celui qu'on ne pourra empêcher avec les plus grands soins et la plus active vigilance, sera toujours assez grand pour que vous n'ayez point à rougir devant la génération qui nous pousse vers le tombeau et vient donner au monde le spectacle des horreurs que produisent vos doctrines, ni devant celle qui vient de naître; elle ne prendra que trop l'esprit et les mœurs de celle dont elle a reçu le jour, et en continuant le mal, elle ne pourroit que produire la barbarie, et finir la société, sans un prochain retour vers le bien.

Mais, direz-vous peut-être, les drapeaux de certaines couleurs, sous lesquels nous sommes enrôlés, les sociétés secrettes auxquelles nous appartenons, ce que nous possédons, ce que nous désirons, l'esprit qui nous anime, tout enfin, nous fait un besoin de combattre pour l'irréligion, l'injustice et la volupté. Soit : attaquez donc ceux qui peuvent se défendre. Je ne vous dirai pas, combattez avec les mêmes armes, opposez des faits à des faits, des raisons à des raisons, ne sortez jamais de la ligne du bon sens, observez les règles de la bienséance : vous ne connoissez ni ces armes ni ces règles, peut-être ; continuez donc vos calomnies, vos sarcasmes, vos injures ; joignez le ridicule et l'absurde à la mauvaise foi et à la méchanceté ; parcourez le même cercle qu'ont parcouru de temps immémorial vos devanciers, cultivez le même champ, il n'y en a point d'autre pour vous. Il ne sera pas dit que vous ayez combattu selon les règles du droit des gens ; mais ne l'attaquez-vous pas aussi ? ni selon les règles de l'art ; mais l'art de détruire peut-il être assujetti à des règles ? y en a-t-il d'autres pour vous que celle de les mépriser toutes ? Mais vous aurez du moins combattu contre des hommes ; vous ne vous serez pas ligués contre le berceau, contre des enfans à la mamelle, en dressant contre eux toutes vos batteries; vous n'aurez pas réuni toutes vos forces, usé toutes vos ruses, employé toute votre politique contre les enfans qui naissent et ceux qui ne sont pas encore nés.

L'enseignement anti-chrétien est donc le plus grand de tous les maux. C'est un mal plus grand que l'enfer même : car si l'enfer est la privation de tous les biens et la réunion de tous les maux, cet affreux enseignement est la destruction de tous les biens; la réunion, la production, la multiplication progressive de tous les maux. La foi nous apprend que les démons rôdent autour des individus pour les séduire, les aveugler, les tenter, les perdre, les dévorer; les instituteurs et propagateurs de cette corruptrice et destructive éducation font précisément le même office, ils le font non-seulement auprès des individus mais autour des générations.

CHAPITRE XVII.

VŒU DE LA FRANCE CHRÉTIENNE, CONCERNANT L'ÉDUCATION PUBLIQUE.

Vox in Ramâ audita est, ploratus et ululatus multus : Rachel plorans filios suos, et noluit consolari quia non sunt.

Math. 2, v. 18.

LA France gémit depuis long-temps sous le poids de deux grandes calamités, les plus terribles et les plus inouïes qui aient jamais pesé sur aucun peuple, la propagation de l'éducation anti-chrétienne et anti-sociale, et la violation simultanée de tous les droits et de toutes les libertés, par le despotisme et l'arbitraire, introduits dans l'enseignement public par la révolution, et suivis jusqu'à ce jour. Elle demande, elle attend aujourd'hui avec confiance la cessation de ce double fléau.

« On ne sauroit se dissimuler, » disoit en 1819 un pair de France, un de nos premiers écrivains et de nos plus grands politiques (1), « on ne sau« roit se dissimuler que la jeunesse soit en pé-

(1) Le vicomte de Châteaubriand.

« ril, et avec elle l'avenir de la France. D'un bout « du royaume à l'autre, les pères de famille réclament, et les apologistes de l'Université provi- « soire n'étoufferont pas la voix des pères de fa- « mille. Il n'y a pas un moment à perdre, on « ne peut suspendre notre existence comme on « ajourne l'éducation : notre vie n'est à la verité « que provisoire, mais c'est en attendant l'éternité.

. . . .

« Déjà la restauration a vu entrer dans le monde « quinze cent mille jeunes Français. Que sont-ils, « ces jeunes hommes qui vont nous remplacer « sur la scène du monde, occuper les tribunaux, « les corps politiques, les places de l'administra- « tion et de l'armée? Croient-ils en Dieu? Recon- « noissent-ils le Roi? Obéissent-ils à leurs pères? « Ne sont-ils point anti-chrétiens, dans un état « chrétien, républicains dans une monarchie, « désireux de révolution et de guerre dans un « pays qui ne se peut sauver que par la paix? Les « ministres se sont-ils jamais fait ces questions? « Se sont-ils jamais aperçus que cinq années de « leur désastreuse administration ont peut-être « créé une nouvelle France, dans laquelle iront « s'engloutir leur fortune, leurs honneurs, leurs « personnes, tout ce qu'ils ont vainement pré- « tendu conserver? »

La même année, un illustre député (1) exprimoit à la tribune les sentimens de tous les bons Français, et faisoit entendre leurs vœux et leurs réclamations, en disant : « Eh ! que « serviroit à un père de famille de voir augmenter et améliorer sa fortune, si ceux à qui « il doit la transmettre, élevés dans de faux systèmes et ignorant les plus utiles vérités, blessoient, par leur conduite présente, son cœur « dans ses plus chères affections, et le pénétroient pour l'avenir des plus douloureuses « alarmes? Que serviroient à la France la prospérité de son agriculture, les richesses de son « commerce, le nombre même de ses habitans, « si les Français n'étoient plus instruits de ces « nobles maximes d'honneur et de foi qui firent « la gloire et la force de la monarchie, et qui, « mieux que les armées et les citadelles, veillent « à la stabilité du trône, à la tranquillité publique, à la sûreté de l'Etat? . . . .

. . . .

« Ah! de tous les maux dont la révolution a « inondé la France, et qu'elle a légués, même au « règne de la légitimité, un des plus funestes, « celui dont les suites irréparables doivent le

(1) M. le comte de Marcellus.

« plus nous alarmer, c'est le coup mortel qu'elle « a porté à l'éducation. Depuis long-temps, les « élémens de la société se décomposent; les asiles « où la jeunesse devoit être formée à toutes les « vérités et à toutes les vertus, sont devenus trop « souvent des écoles fatales où elle apprend à « se laisser aller à toutes les erreurs et à tous les « vices : de là, ces crimes, ces malheurs dont le « récit funeste rend la lecture de nos journaux si « lugubre, et afflige si souvent les cœurs amis de « leur pays. Les eaux d'un fleuve, dont la source « a reçu un germe empoisonné, portent le ra- « vage et la mort dans les lieux qu'elles étoient « destinées à embellir et à fertiliser.

« . . . . L'esprit de licence, de sédition et « d'impiété qui, dans la capitale comme dans les « provinces, s'est glissé dans plusieurs de nos « établissemens publics, s'est trahi plus d'une fois, « a réveillé, comme malgré elle, l'attention de « l'autorité, et effrayé l'homme de bien sur le « sort de la génération naissante. Faut-il s'en « étonner, quand une surveillance dont l'objet « est si saint, sommeille quelquefois jusqu'à per- « mettre à ces pernicieux écrits qui soufflent dans « toute la France l'irréligion et la révolte, d'al- « ler infecter les lieux consacrés à l'éducation des premières années de l'homme, sortes de sanc-

« tuaires où la vertu, dans toute sa candeur, « devroit toujours résider? Quand les mauvais « livres et les pamphlets séditieux, pénétrant « dans ces asiles de l'innocence, vont apprendre « aux jeunes sujets du Roi très-chrétien à blasphémer leur Dieu et leur Roi . . . .

« . . . . Ah! renonçons, puisqu'il « le faut, au bonheur pour nous, mais n'imposons point à nos enfans ce cruel sacrifice : innocens de nos crimes et de nos erreurs, ils « ne l'ont pas mérité. . . . Qu'ils apprennent à « être fidèles à leur Dieu et à leur Roi, à mourir, « s'il le faut, pour cette double fidélité, c'est-à-dire pour leur pays ; qu'ils apprennent ensuite à être savans et modestes ; mais, avant « tout, bons et vertueux . . . . . . Nous n'éprouvons que trop combien est vraie et profonde « cette pensée d'un publiciste vertueux. Tout système d'éducation qui ne repose pas sur la religion, tombera en un clin d'œil, ou ne versera « que des poisons dans l'Etat. »

En 1820, les pères de famille ont de nouveau fait entendre leurs réclamations, se plaignant et gémissant amèrement de ce qu'ils envoient leurs enfans obéissans, soumis et respectueux, royalistes et religieux, pleins d'amour pour la vertu et de dévouement pour la patrie, et qu'on les leur renvoie, indociles, présomptueux et arrogans, corrompus, séditieux et athées. C'est ce qu'on a vu dans presque toutes les adresses des villes et des départemens, déposées au pied du trône: nous pourrions citer entr'autres celles de Caen, de Cambrai, de Marseille, etc. Et en demandant pour le salut et la gloire de la France, une véritable éducation publique dont la religion soit la base, on demande en même temps qu'elle soit confiée à des corps religieux enseignans, parce que la religion seule peut les former en y établissant l'esprit d'union, de zèle, de désintéressement et de sacrifice, et un caractère d'ordre, d'unité, de perpétuité, de perfection toujours croissante. Elle seule conserve toutes les bonnes traditions et les bonnes règles, en les perfectionnant par une continuelle expérience; c'est à elle que les arts, les sciences et les lettres doivent aussi bien que la morale, leur conservation, leur plus beau lustre et leurs progrès.

Les vœux de l'Eglise et des pères de famille vont-ils être exaucés? Les droits et les devoirs des parens et des pasteurs du premier et du second ordre seront-ils respectés? Touchons-nous tous au terme de notre délivrance? Nous fera-t-on acheter encore, par des conditions onéreuses et humiliantes, et par des impôts iniques, le moyen de remplir ce devoir sacré pour les parens et pour les pasteurs, d'instruire et de former la jeunesse chrétienne? Jusqu'à présent, il y a eu tant de licence pour faire le mal et pour tout corrompre! Allons-nous enfin jouir d'une pleine liberté de faire le bien, de consacrer les débris de notre fortune, et ce qui nous reste d'une vie épuisée par tant de chagrins et de malheurs, pour réparer un peu le mal qu'on a fait à la patrie et aux pauvres, par tant de scandales, de spoliations et de sacriléges? Nous avons tout lieu de l'espérer; car les vœux de l'Eglise et de la France sont aussi les vœux de nos princes, sont la volonté hautement et solennellement manifestée du Roi, père de la grande famille des Français. Mais pour éloigner les obstacles à un si grand bien, trouver les moyens et les mettre sagement en œuvre, les hommes les plus puissans et les plus habiles ont grand besoin des lumières du ciel, et du concours de la divine Providence, qui seconde leurs efforts et bénisse leurs travaux.

Le Seigneur condamna autrefois les Hébreux à errer quarante ans dans le désert, en punition de leur idolâtrie, de leurs murmures et de leurs révoltes. Il voulut bien ne pas les exterminer, quoiqu'ils l'eussent plusieurs fois mérité; il les pardonna en faveur de Moïse, d'Abraham, d'Isaac et de Jacob. Ainsi, après leur avoir donné un législateur dans Moïse, un pontife dans Aaron, il leur donna un sauveur dans Josué, pour introduire leurs enfans de vingt ans et au-dessous dans la Terre Promise.

Et nous aussi, pour avoir idolâtré tous les objets de nos passions, et à cause de nos murmures, de nos révoltes et de nos profanations, nous errons depuis bientôt quarante ans dans des déserts bien affreux, dans les déserts de l'ordre social. Seigneur, vous êtes pour nous le Dieu de saint Remi, de Clovis, de saint Martin, de Charlemagne et de saint Louis; vous ne nous exterminerez pas non plus; vous nous pardonnerez aussi en leur faveur. Nous avons sur le trône notre Moïse : par lui, vous nous avez délivrés d'une servitude étrangère; vous nous l'avez envoyé à une époque désastreuse où, comme nous ne l'avions que trop mérité, nous étions sur le point de périr dans un déluge de sang. Mais vous ne nous avez pas encore trouvés dignes de renouveler solennellement notre ancienne alliance avec vous, ou pas assez préparés pour recevoir avec fruit une nouvelle promulgation de votre loi sainte. Mais que dis-je? Déjà nous avons été plusieurs fois appelés au pied de la montagne; déjà un acte solennel et authentique, qui renouvelait cette alliance, était écrit; mais notre égoïsme, nos murmures, notre idolâtrie du veau d'or, ont forcé notre Moïse de briser ses premières tables (le Concordat de 1817). Nous connoissons sa sagesse, sa bonté, sa piété: c'est à nous, par notre patience, nos prières et nos vertus, à mériter une nouvelle législation fondée sur notre antique alliance avec le Dieu de Jacob et de Clovis, de David et de saint Louis.

Il est des grâces signalées que Dieu n'accorde qu'à des prières humbles, ferventes, accompagnées de pénitences, de sacrifices et de bonnes œuvres. On a remarqué que le bienfait extraordinaire de la restauration, et les autres dont nous avons été favorisés depuis, ont été précédés par des jeûnes, des bonnes œuvres, et surtout par beaucoup de prières de la part des fidèles. (1). C'est depuis la

(1) On ne sait pas tout ce qu'on doit sous ce rapport à la piété chrétienne. Nous connoissons plusieurs traits du dévouement le plus héroïque de quelques âmes d'élite, qui, comme d'autres Moïses, se plaçoient entre nous et le ciel pour le désarmer. Nous avons eu plus d'une fois occasion de remarquer que Dieu a encore ses élus et des âmes choisies, et dignes des premiers siècles de l'Eglise, jusque dans les lieux les plus dénués des secours spirituels, et les plus livrés à une corruption générale.

naissance de la monarchie que les bienfaits extraordinaires de la Providence envers la patrie ont été précédés par les vœux et les prières des fidèles. On rapporte que, lorsque les Français pénétrèrent dans les Gaules, ils soumettoient plus de villes par leur loyauté, la bonté dont ils usoient envers tous, que par la force de leurs armes. Les catholiques surtout s'applaudissoient d'être sous la domination d'un peuple aussi juste et humain que vaillant et courageux, et véritablement *Franc.* C'est pourquoi, dans tout le royaume de Clovis, les fidèles s'unissoient avec la pieuse reine Clotilde, et faisoient avec elle des bonnes œuvres, des prières et des vœux ardens pour sa conversion. Depuis 1813, que de neuvaines, de quarantaines, de pieux pèlerinages, de saintes réunions, de bonnes œuvres, de vœux et de sacrifices de la part des fidèles, pour nous rendre le Ciel favorable ! C'est surtout par ce puissant moyen que nous avons été plus d'une fois délivrés de nos ennemis étrangers ou domestiques, et que nous avons reçu du Ciel d'autres secours, d'autres grâces extraordinaires dont nous avons été favorisés.

La grâce de la restauration de l'éducation chrétienne et des corps religieux enseignans pour la procurer, grâce si désirée et si nécessaire, est peut-être la seule qu'on n'ait pas demandée au Seigneur, la seule du moins pour laquelle on n'ait pas fait de prières publiques; elle est cependant la plus pressante, la plus importante; et, sans elle, souvenez-vous, amis de la monarchie, que toutes les autres nous deviennent inutiles pour l'affermissement du trône et de la légitimité, pour la conservation de cette auguste Famille qui compte, parmi ses ancêtres, tant de héros, de sages et de saints; qui n'a point de rivale en gloire, et dont l'antiquité se perd dans la nuit des temps; sans elle, souvenez-vous, chrétiens, amis de la religion, que toutes les autres nous deviennent inutiles pour le triomphe et la conservation de la foi en France, pour la réforme des mœurs, pour l'observation des lois divines et la perpétuité du sacerdoce. Ah! réunissons-nous donc tous aujourd'hui pour faire violence au Ciel, et obtenir, par un renouvellement de ferveur, de prières et de bonnes œuvres, une grâce qui, par son influence sur le présent et sur un avenir sans fin, paroît surpasser toutes les autres, et être destinée à les couronner, à les conserver, à les multiplier. Voilà quel doit être aujourd'hui l'objet des prières de toutes les âmes ferventes, de toutes les communautés et congrégations religieuses; et pourquoi ne ferions-nous pas, pour un objet d'une si haute importance, et qui doit si vivement intéresser tous les amis de la religion, de la patrie, de l'humanité, tous les pères et toutes les mères de familles dignes d'en porter le nom, tout ce qu'on a fait pour demander à Dieu un sauveur temporel de la race de saint Louis? C'est le seul moyen de le faire régner sur nous et sur nos enfans, et de préparer la gloire, les prospérités et les triomphes de son règne.

CHAPITRE XVIII.

DES MISSIONS EN GÉNÉRAL.

Euntes docete omnes gentes.

Nous parlerons peu des missions parce que leur nécessité et leurs avantages sont assez connus; pour traiter à fond ce sujet tel que nous le concevons, il nous faudroit plusieurs volumes.

La plus grande, la plus excellente, la plus admirable de toutes les missions, est celle du Verbe incarné, qui, envoyé par le Père éternel, est venu annoncer au monde le royaume de Dieu. *Ideò missus sum.* Luc, 4. Elle fut promise, annoncée, figurée de mille manières différentes depuis l'origine du monde, et préparée successivement par celle des prophètes; elle s'est accomplie par des mystères et des prodiges ineffables, où la bonté et l'amour de notre Dieu éclatent de toutes parts de la manière la plus étendue et la plus merveilleuse.

A l'origine des temps, avant que Dieu créât la lumière physique, le monde matériel étoit comme un vide immense, des ténèbres épaisses l'environnoient de toutes parts, et le couvroient comme la surface d'un grand abîme. Le Tout-Puissant commande à la lumière de sortir du néant, aussitôt elle se montre et se répand dans toute l'étendue de la création, et par elle on aperçoit, on considère, on admire tous les objets répandus dans cette vaste étendue; on les distingue entr'eux, on découvre, on admire leur ordre, leur harmonie, leurs rapports, tout ce qu'il y a de beau et de magnifique dans quelques-uns d'entr'eux, et dans leur ensemble.

L'orgueil et la désobéissance au Créateur avoient introduit dans le monde moral une confusion plus horrible, des ténèbres plus épaisses. La nature et la cause finale de chaque chose, les rapports des intelligences entr'elles, des créatures avec leur auteur, notre origine, nos destinées, les devoirs, les vertus, la divinité même, tout fut méconnu. Jésus-Christ, soleil éternel du monde moral, paroît précédé de l'aurore des prophètes qui l'annonçoient, aussitôt les peuples qui étoient plongés dans les ténèbres voient une grande lumière, le jour se lève sur ceux qui habitoient la région des ombres de la mort, et tous ceux qui ouvrent les yeux de leur entendement pour suivre ce divin soleil de justice, ne marchent plus dans l'obscurité, mais ils ont la véritable lumière de la vie. Cette divine lumière en dissipant les fausses lueurs et les illusions de nos sens et de notre imagination, en agrandissant et fortifiant notre raison, nous fait voir, considérer, juger les choses comme elles sont véritablement, ou comme Dieu les voit, les considère et les juge lui-même; elle nous montre notre véritable origine, nous fait connoître nos éternelles destinées, les beautés, les prérogatives, et les récompenses de la vertu; nous enseigne tout ce qu'il nous importe de savoir pour remplir l'excellente fin de notre création, et trouver le parfait bonheur. Elle nous met clairement devant les yeux nos devoirs envers Dieu, envers le prochain et envers nous-mêmes. Les monarques et les sujets, les grands et les petits, les riches et les pauvres, les maîtres et les serviteurs, les pères et les enfans, les pasteurs et les fidèles, chacun à l'éclat de ce céleste flambeau, voit devant soi le tableau de ses obligations, la route d'une gloire et d'une félicité communes dans l'éternelle patrie. Ceux qui ne sont pas éclairés, ne sont dans l'obscurité ou l'aveuglement que parce qu'ils fuyent la lumière, aiment à se repaître d'illusions et de chimères, à croupir dans l'ignorance et l'aveuglement, pour ne pas rougir de leurs désordres ni sortir de leur indifférence pour le bien, et de leur inertie pour la vertu.

C'est pour y perpétuer sa mission jusqu'à la fin des siècles, que Jésus-Christ a établi dans son église le ministère de la prédication évangélique. Après avoir confirmé ses apôtres dans la foi de sa résurrection, il monta aux cieux en leur présence, d'une manière triomphante et solennelle, il leur donna sa dernière bénédiction et leur renouvela l'ordre qu'il leur avoit déjà donné, d'aller instruire les nations. Pour exécuter cet ordre, les apôtres, après avoir été confirmés en grâce, et avoir reçu le Saint-Esprit d'une manière miraculeuse, commencèrent leur mission de la manière la plus éclatante dans Jérusalem même; de là ils se dispersèrent dans les différentes régions, parcoururent la terre avec la rapidité de l'aigle, et prêchant partout Jésus crucifié, ils firent la conquête de l'univers, en triomphant sans armes des puissances du siècle, en éclairant, sans lettres, les sages, les philosophes et les savans d'un siècle de lumière, en renversant sans force et sans autorité temporelle les idoles des peuples.

Etant regardés comme le rebut et la *bâlayure* du monde, selon l'expression du plus célèbre d'entre eux, ils combattirent contre toutes les sectes et toutes les passions réunies et armées pour les détruire, et en triomphèrent par la patience, la douceur et l'humilité de la croix. Avec le seul flambleau de la foi, ils dissipent, détruisent tous les préjugés, toutes les erreurs, abolissent toutes les coutumes superstitieuses, tous les sacrifices humains, par lesquels l'homme devenait pire que les animaux les plus féroces. Ils publièrent et proclamèrent partout cette loi sainte de la charité chrétienne qui rappelle le genre humain à sa grandeur primitive. Avec ce code divin, le règne de la justice et des vertus s'établit partout, chez tous les peuples et dans toutes les âmes. De toutes parts, sur les débris des autels dressés aux créatures, aux vices et aux passions, s'élèvent des temples consacrés au vrai Dieu. Ces temples, élevés par l'église catholique, et parsemés, pour ainsi dire, sur l'entière surface du globe, forment, pour tous les peuples de la terre, une chaîne merveilleuse plus visible et plus majestueuse que les chaînes des montagnes qui l'environnent.

La croix étoit élevée dans toutes les villes, dans tous les lieux qu'ils parcouroient, comme un arc de triomphe, comme un monument de leurs victoires, comme le signe de la réconciliation du ciel avec la terre, et de la nouvelle alliance de Dieu avec les hommes. A peine ont-ils commencé leur course, qu'elle se trouve déjà élevée dans presque toutes les parties du monde. Jérusalem, Antioche, Rome, Alexandrie, Sparte, Corinthe, Athènes, l'ont arborée; toute l'Asie, la Grèce, l'Afrique, l'empire romain, les Gaules, la Germanie, la Grande-Bretagne, se rangent sous ses étendards. Bientôt le soleil, dans sa course, la trouve partout vénérée. Par elle, le nom du Seigneur est grand et exalté parmi les nations; et, depuis l'orient jusqu'à l'occident, on offre partout au suprême Dominateur de la terre et des cieux, au Saint des Saints, une hostie pure et sans tache. Placée, aujourd'hui, de distance en distance dans tous les climats et dans toutes les régions des deux hémisphères, elle ne cesse de rappeler à tous les mortels les leçons et les exemples d'un Dieu victime de son amour pour nous, qui, suspendu entre le ciel et la terre, comme abandonné de l'un et de l'autre, et mourant d'amour pour son Père et pour nous, proclame ainsi au milieu de nous le grand précepte de l'amour de Dieu et des hommes, dont l'accomplissement forme, de tous les justes de l'univers, une grande et unique famille, une seule et même société d'enfans de Dieu, de frères et de cohéritiers de l'Homme-Dieu.

Cette glorieuse et divine mission des apôtres, qui furent les colonnes et les fondemens de l'Eglise catholique, est continuée par les évêques et les pasteurs du second ordre, qui deviennent leurs collaborateurs par la juridiction et les pouvoirs qu'ils en reçoivent. Les prêtres qui donnent les exercices qu'on appelle exercices spirituels, ou exercices de mission et de retraites, sont leurs auxiliaires. Ces saints exercices, depuis longtemps en usage dans l'Eglise, y ont toujours produit des fruits merveilleux pour le renouvellement de la foi, la réformation des mœurs et la sanctification des âmes. Ce n'est qu'à cause de ces heureux fruits que les missions sont aujourd'hui attaquées par une secte d'hommes ennemis de l'ordre, ennemis de tout bien par instinct et par principe. Qui ne voit combien elles sont nécessaires pour rallumer parmi nous le flambeau de la foi qui s'éteint; rappeler les vérités de la religion qu'on a oubliées, et qu'on blasphême sans les connoître; pour réveiller les hommes de leur assoupissement volontaire, de leur stupide ou criminelle indifférence pour la vérité, pour la vertu et pour leurs éternelles destinées; enfin pour leur offrir des secours extraordinaires de salut, dont ils ont tous si grand besoin, et sans lesquels un grand nombre de ceux qui béniront éternellement les miséricordes du Seigneur, périroient infailliblement. Les pasteurs, surchargés par les travaux et les soins multipliés que demandent le bon gouvernement des paroisses et les fonctions du saint ministère qu'il est impossible d'ajourner, ne peuvent, par eux-mêmes, procurer ces secours extraordinaires à leurs paroissiens. D'ailleurs, pour une multitude de raisons qu'il est aisé de sentir, il convient mieux qu'ils soient donnés par des prêtres venus d'ailleurs, avec lesquels les fidèles ont eu peu ou point de relations, et qui étant, par une vocation particulière, spécialement et uniquement consacrés à cette œuvre, s'y préparent, en dirigeant vers ce but leurs études, leurs veilles et leurs prières, s'y perfectionnent par l'expérience, et en se communiquant plus facilement entre eux leurs lumières et leurs observations, en se réunissant en corps, et vivant en communauté.

Ces exercices sont accompagnés de grandes

cérémonies, parce qu'elles font partie du culte extérieur et public et sont essentielles à la religion que les missionnaires conservent dans l'Etat et renouvellent dans les âmes. Elles entrent naturellement dans le plan de leur cours d'instructions, parce que leurs prédications « recommencent le christianis-« me dans les lieux où il est oublié, comme elles le « commencèrent il y a vingt siècles dans les lieux « où il n'étoit pas connu. (1) » De même que les spectacles du monde font dans les cœurs les impressions les plus funestes à la vertu, ainsi les pompes de la religion et ses touchantes cérémonies font dans les âmes les impressions les plus salutaires pour inspirer le zèle de la loi de Dieu, le repentir du crime, la ferveur de la piété. Certains hommes ne les décrient que parce qu'elles contribuent éminemment à élever les âmes vers Dieu, à les remplir de pures affections et de nobles sentimens de l'aveu même de ceux qui étoient les moins préparés à recevoir ces divines impressions et les plus prévenus contre la pompe et la majesté du culte catholique.

On chante des cantiques, parce que la musique est spécialement destinée à servir au culte dû à la divinité. Par elle, les fidèles de la terre s'asso-

(1) M. de Bonald.

cient aux esprits célestes dont les chants sublimes, nous disent les livres saints, exprimeront éternellement l'adoration, l'amour et la reconnoissance. On l'a fait tant de fois servir à exciter les passions, n'est-il pas juste de la faire servir quelquefois à nous porter, à nous animer à la vertu, à la piété? La musique vocale exprime comme la poésie les vifs transports, les plus grands sentimens de l'âme; elle est l'expression des affections qui l'occupent, et l'animent davantage : ainsi c'est par le chant des cantique que les chrétiens expriment les affections et les sentimens qui doivent les occuper pendant le saint temps des exercices de la mission.

CHAPITRE XIX.

MISSIONS DANS LES VILLES.

Trois sortes de missions sont aujourd'hui nécessaires en France : premièrement les missions dans les grandes villes, secondement les missions dans les petites villes et les gros bourgs, troisièmement, les missions dans les campagnes et les paroisses privées des instructions et des secours de la religion. Jusqu'à présent depuis la restauration on ne s'est guère occupé que des deux premières sortes comme plus nécessaires, plus importantes et plus faciles. C'est dans les villes surtout et encore plus dans les grandes villes qu'est la contagion des âmes, contagion de désordre et d'impiété vomie par l'enfer à laquelle nulle maladie épidémique ne peut être comparée; contagion d'autant plus dangereuse que bien souvent loin de chercher à s'en garantir, on la provoque, loin de fuir les pestiférés on les recherche. C'est dans les villes que depuis le débordement du torrent dévastateur des doctrines du mensonge inventées par l'orgueil et reçues par la volupté, elle fait continuellement des ravages affreux, immole chaque jour des milliers de victimes dans toutes les classes, dans tous les sexes, dans tous les âges et en sort comme un fleuve impur et impétueux pour se répandre dans les campagnes, et les dévorer à leur tour : car c'est des villes voisines que les campagnes reçoivent ordinairement leur impulsion soit en bien soit en mal. D'un autre côté, si dans les villes se trouve le plus grand nombre de ceux qui ont besoin des saints exercices de la mission, c'est aussi dans leur sein que se trouve le plus grand nombre de ceux qui les désirent et en profitent, le plus grand nombre de ceux qui n'ont péché que par foiblesse, par entraînement, parce que la foi et l'innocence y sont continuellement exposées à de plus grands dangers, à des tentations plus délicates et plus difficiles à surmonter. C'est là aussi que se trouvent plus de ressources et de moyens pour toutes sortes de bonnes œuvres, pour rendre à la religion son ancien éclat, au culte extérieur son ancienne majesté.

Ce qui rend encore les missions des grandes villes plus importantes, c'est que la mission, dans une ville considérable, est une mission pour toute la contrée; parce que, de toutes les petites villes, bourgs et villages d'alentour, on vient à quelqu'un de ses exercices et à ses cerémonies, et on s'en retourne ordinairement chargé des grâces et des bénédictions qui y sont attachées. Le peuple, en venant à la ville, a entendu parler de restitutions nombreuses et inattendues, et de conversions éclatantes; il a vu partout, dans les places publiques et dans les rues, les idoles du respect humain renversées par le chant des cantiques, comme autrefois les murs de Jéricho tombèrent au son de la trompette. Dans les églises qu'il voyoit autrefois désertes, et dans lesquelles il a tant de peine à pénétrer pendant la mission, il a vu avec étonnement régner, parmi cette grande affluence de toutes les classes et de toutes les opinions, la modestie, le recueillement, l'attention; il a admiré, avec une espèce de ravissement, ce que la religion a de plus beau, de plus touchant et de plus sublime dans son chant et dans ses augustes cérémonies. Il a quelquefois mêlé ses larmes à celles de tous les assistans; il s'en retourne touché, converti; va trouver son pasteur pour qu'il achève de l'instruire et de l'affermir dans ses bonnes dispositions : c'est ce qu'on a vu dans presque toutes les missions des grandes villes, et nous pourrions citer ici une multitude de traits à l'appui de ce que nous avançons.

Les apôtres eux-mêmes commencèrent d'abord à planter la foi dans les villes, même dans les plus grandes villes : c'est par cette méthode, inspirée par l'Esprit Saint, qu'en si peu de temps ils changèrent la face de la terre. On sait que les campagnes furent les derniers boulevards de l'idolâtrie, parce que les habitans étoient moins disposés à recevoir favorablement la religion chrétienne, qui change l'homme tout entier par la renaissance spirituelle de la vertu. Nous croyons cependant que le moment est venu de s'occuper sérieusement des missions dans les campagnes et paroisses abandonnées, ou privées des instructions et des secours de la religion.

CHAPITRE XX.

CONSIDÉRATION SUR LA PÉNURIE DES MINISTRES DE LA RELIGION CATHOLIQUE.

Messis quidem multa, operarii autem pauci.

L'ÉGLISE de France a été jusqu'à ce jour la plus belle portion de l'héritage de Jésus-Christ sur la terre, la mieux gardée, la mieux cultivée et la plus féconde sous tous les rapports. Ses ennemis l'ont bien connu; et que n'ont-ils pas fait, que ne font-ils pas encore, pour s'en emparer et la détruire? Qui pourroit voir, sans douleur, sans verser des torrens de larmes, le déplorable état dans lequel l'ont réduite des ennemis acharnés sortis de son sein; les ingratitudes et les révoltes de ses enfans; les hautes et perfides trahisons de quelques-uns de ses ministres; l'abandon de plusieurs de ceux qui devoient être ses plus zélés défenseurs, ses meilleurs amis? Dépouillée de tous ses biens, abreuvée d'outrages, sans cesse calomniée, environnée de piéges que ses ennemis lui tendent de tous côtés, ce qui l'afflige surtout, c'est de voir presque tous ses enfans mourant d'une faim spirituelle, la plus désespérante de toutes les morts, s'assembler, crier autour d'elle en lui demandant du pain. Ces cris douloureux percent son cœur, et, dans son affreuse indigence, à peine peut-elle distribuer quelques miettes aux premiers qui se présentent.

Sur le nombre des prêtres employés aujourd'hui à cultiver la vigne du seigneur dans les différentes paroisses du royaume, plus de la moitié sont âgés de soixante ans et au-dessus, et le plus grand nombre a des infirmités. Il en manque près de seize mille pour remplir les places vacantes. En parcourant toute la France, on trouvera à peu près cinq mille trois cents vicaires, il en faudroit bien plus que le double, car plus des trois quarts des paroisses en manquent, et combien encore de grandes paroisses, soit dans les villes, soit dans les campagnes composées de plusieurs villages éloignés qui auroient besoin d'en avoir davantage. Ajoutez que le tiers au moins des prêtres en activité de service auroient des raisons légitimes pour n'être pas employés, les uns à cause de l'âge, d'autres à cause des infirmités; d'autres, quoiqu'en petit nombre, mais en nombre toujours trop grand, pour des raisons plus graves qu'il ne convient pas d'exposer ici, et ce tiers est d'environ douze mille.

Ce déficit, quoique général, se fait sentir très-inégalement dans toute la France; ainsi tandis qu'il y a des diocèses ou des départemens suffisamment pourvus, d'autres souffrent une extrême disette, et c'est précisément là que se trouve le plus grand nombre de ceux qui ne devroient pas être employés. Cette inégalité se remarque encore dans les différentes parties d'un même diocèse, surtout lorsqu'il est composé de plusieurs départemens, comme ils le sont presque tous. Dans le diocèse de Clermont, par exemple, quelle différence entre le département de l'Allier et celui du Puy-de-Dôme? Dans celui de Cahors, le département de l'Aveyron peut fournir des sujets à d'autres diocèses, et les départemens du Lot et celui du Tarn et Garonne, enclavé provisoirement dans trois diocèces, manquent d'un grand nombre de prêtres, soit pour donner des vicaires dans les lieux où ils sont nécessaires, soit pour remplir les places vacantes.

Ce qui nous fait vivre, au milieu des craintes et des espérances pour le triomphe de la cause de Dieu et de son Eglise en France, et par conséquent pour le salut ou la perte de la patrie, c'est de voir que la foi et les vertus chrétiennes fleurissent dans quelques-unes de ses provinces, autant qu'avant la révolution, tandis que d'autres tombent dans une démoralisation complète et dans un état au-dessous du polythéisme et de la barbarie. On remarque ce contraste frappant jusque dans les différentes parties d'une même province, et d'un même département. Nous pourrions en citer ici un grand nombre.

« Nous connoissons, dit le célèbre auteur de « l'*Essai sur l'indifférence en matière de religion*, des paroisses de six, sept, et jusqu'à huit « lieues de circuit, desservies par un vieillard « infirme. Il y a quelques années, une épidémie « ravagea l'une de ces paroisses. Pendant qu'elle « dura, le curé passa toutes les nuits habillé, sur « la paille, afin d'être plutôt prêt à suivre ceux « qui le venoient chercher, souvent plusieurs fois « chaque nuit, pour administrer et consoler les « pauvres malades. Dans une autre paroisse du « même diocèse, depuis long-temps abandonnée, « on envoie un prêtre, afin de prévenir l'extinc- « tion totale de la religion; il meurt en quelques « mois d'excès de fatigue; un second lui succède, « et meurt de même; un troisième recueille en ce « moment ce sublime héritage de martyre.

« Qu'un de ces pasteurs, si admirables aux yeux « de tout homme qui conserve encore des senti-

« mens d'homme ; qu'un de ces pasteurs, dis-je,
« vienne à périr sans être remplacé, on ferme l'é-
« glise, on cesse de réparer un bâtiment utile ;
« et en peu de temps, il tombe en ruines, ainsi
« que la foi et les mœurs du peuple. Le dé-
« sordre va croissant, les crimes se multiplient ;
« plus de sécurité, plus de paix. » Voilà ce que nous avons vu nous-mêmes dans plusieurs diocèses et dans un grand nombre de départemens, et même quelque chose de plus affligeant. On cite un canton du département de l'Oise, composé de trente-deux communes rurales, où l'on ne trouve que six prêtres infirmes, dont le plus jeune a quarante-sept ans, et est lui-même sujet à de fréquentes attaques de gouttes. Dans l'évêché d'Amiens, composé de deux départemens, la Somme et l'Oise, et qui renferme quatre anciens diocèses, Amiens, Beauvais, Noyon et Senlis, et plus de trois mille paroisses rurales, sans compter celles d'un grand nombre de villes plus ou moins peuplées, on ordonne, d'après une lettre publiée dans le *Défenseur*, et qui n'a pas été contredite, quatre ou cinq prêtres par an, pour en remplacer peut-être quarante à cinquante qui meurent annuellement. Qu'on parcoure les départemens du Cher, de l'Indre, de l'Allier, de la Nièvre, de la Charente, de la Gironde, de Lot-et-Ga-

ronne, etc., etc., on trouvera la même pénurie, la même désolation.

Que sont ces pauvres peuples errant çà et là, sans pasteurs, égarés par les passions, par les fausses doctrines, par mille sortes de scandales, et privés à la vie et à la mort des lumières et des consolations de la foi? Autrefois ils recevoient au berceau, des mains de la religion, un père et une mère pleins de tendresse, et tout occupés des soins de leur enfance, parce que la religion montre dans toute son étendue, et consacre, par la plus terrible responsabilité, les devoirs du père et de la mère, parce qu'elle accroît, perfectionne, et divinise en quelque sorte leur amour mutuel et leur tendresse pour les fruits de leur union; par l'amour et les soins de leurs enfans qu'elle leur commande et leur inspire, elle les associe aux esprits bienheureux qui en sont les gardiens et voient constamment la face du Père céleste; et au Père céleste lui-même qui les a placés entre leurs mains, et leur commande de les cultiver avec affection, avec zèle et avec sagesse, pour les rendre dignes d'être les cohéritiers de son Fils bien-aimé. En tout temps surtout, s'ils étoient pauvres ou affligés, la religion leur donnoit pour amis tous ceux qui embrassoient sa doctrine et observoient ses préceptes.

Dans les travaux, les maladies, les privations et les souffrances, la religion avoit, pour ennoblir, adoucir et guérir toutes les peines et tous les maux, des consolations et des remèdes que le monde ne peut connoître ni apprécier, parce que l'onction divine qui les accompagne et qui seule pénètre jusqu'au fond des âmes, est au-dessus de toutes nos conceptions. Selon leur différente position, tantôt elle leur rappeloit le besoin de satisfaire à la justice divine pour leurs infidélités ou leurs prévarications ; tantôt elle leur montroit de loin la gloire et les récompenses futures de la vertu qui ne s'exerce, ne s'affermit, ne se perfectionne que par les travaux, les épreuves et les sacrifices, et tire toujours de la souffrance et du malheur son plus bel éclat. Les premiers biens de la religion chrétienne sont tous pour les pauvres ; elle leur gagnoit tous les cœurs, leur ouvroit toutes les bourses, leur construisoit partout des manufactures ou des hospices, ou leur fondoit des écoles. Elle ennoblissoit les habitans des chaumières, en leur donnant une race illustre dans les patriarches, les prophètes, les martyrs, les apôtres, tous les héros de la sainteté qui sont nos pères dans la foi, aussi-bien que nos parfaits modèles dans la justice et dans la piété. Après les avoir éclairés, dirigés, fortifiés, consolés pendant la vie, la religion venoit à leurs derniers momens détruire toutes leurs craintes, ranimer toutes leurs espérances et leur ouvrir tous les trésors des cieux. Quelqu'un d'entre eux étoit-il malade, le ministre du Seigneur alloit le visiter, prioit pour lui, le soulageoit dans tous les besoins de son âme et de son corps. La maladie devenoit-elle dangereuse, toute l'Eglise s'intéressoit à son sort, elle alloit dans le saint temple se prosterner aux pieds des autels de son céleste époux, le conjurer de sortir de ses divins tabernacles pour aller visiter et consoler un de ses enfans sur son lit de mort. Cet aimable Sauveur, ce grand roi des cieux étoit porté en triomphe dans les hameaux et dans les cabanes pour visiter un de ses enfans, un de ses membres souffrans, se donner à lui pour être son guide dans le grand voyage du temps à l'éternité, son gage de la résurrection glorieuse et de la bienheureuse immortalité. Et c'est au nom de l'adorable Trinité qui l'a créée, rachetée, sanctifiée, que l'âme chrétienne part de ce monde pour entrer dans la céleste Jérusalem, dans la cité du Dieu vivant, où elle verra face à face son divin Rédempteur, et partagera la suprême félicité des esprits bienheureux.

Que leur procure aujourd'hui l'irréligion dans

laquelle on les a entraînés et dans laquelle ils tombent et élèvent leurs enfans à défaut de pasteurs, ou d'instruction sur les premières vérités de la foi et de la morale? Elle arrache à la plus tendre enfance ses parens, en altérant tous les sentimens de la nature, en introduisant dans les mœurs une férocité, un égoïsme barbare qui sacrifie à son intérêt personnel et à sa passion ce que la nature éclairée et sanctifiée par la religion a de plus sacré et de plus cher. Dans l'irréligion, l'homme n'a plus de parens, plus d'amis : car il ne peut compter sur ceux qu'une vaine philantropie lui fera rencontrer, qu'autant qu'il fournira des alimens à leur vanité, à leur intérêt ou à quelque autre passion. Otez à l'homme sa foi, dès lors il ne sera destiné qu'à des travaux, des peines, des larmes sans mérite, sans consolations, sans espérance. La noblesse des sentimens, la sainteté des œuvres, les mérites des sacrifices, les grandes espérances et les délices ineffables de la vertu que nous devons à la foi, sont remplacés par la dépravation et la bassesse des sentimens et des affections, par les désordres et les tourmens sans cesse renaissans et se multipliant presqu'à l'infini, de l'intérêt personnel, de l'envie, de l'orgueil, de la volupté, de toutes les passions, souvent même par la rage du désespoir.

Mais comment l'ignorance des vérités et des préceptes de la religion, la privation de la foi et de la parole de Dieu, conduit-elle les peuples à une si affreuse et si douloureuse dégradation? C'est parce que la parole de Dieu distribuée par l'enseignement de l'Eglise, et reçue par la foi, est la nourriture des âmes, leur élément propre et leur vie; de là, la famine spirituelle de cette parole vivifiante qui émane de Dieu par son Verbe, est le plus terrible de tous les fléaux. Dans la famine du pain matériel, l'homme cherche jusque dans les restes des animaux immondes quelque chose pour assouvir sa faim, ou en adoucir les horribles et incompréhensibles douleurs, comme on le voit dans la parabole de l'enfant prodigue, dans presque toutes les histoires des peuples, et notamment au siége de Jérusalem, et dans une campagne désastreuse des dernières guerres. Dans la famine spirituelle, l'homme cherche également avec une ardeur brûlante à nourrir son intelligence, et saisit avec une étonnante et pitoyable avidité ce qu'il y a de plus vil, de plus dégoûtant, de plus pestiféré dans les doctrines. C'est alors surtout qu'on voit pulluler de toutes parts une foule d'opinions et de systèmes tous plus absurdes, plus funestes et plus infâmes les uns que les autres; et c'est dans ce cloaque infect que l'homme qui meurt de faim de la parole de vérité, va chercher une nourriture empoisonnée qui achève de déraciner au fond de son âme tout ce qui y reste encore de noblesse, de bonté, de pureté dans les inclinations, de goût et d'attrait pour la vérité et pour la vertu.

La famine d'un pain matériel détruit tous les sentimens de la nature, change la tendresse maternelle en cruauté de tigre; elle nous montre une mère prenant l'enfant qu'elle a porté dans son sein, nourri de son lait, soigné de ses mains avec l'affection la plus vive, et arrosé des larmes de l'amour le plus tendre, le poignardant avec un sang-froid qui étonne les brigands les plus forcenés, pour s'en rassasier et adoucir un peu cette cruelle faim, qui semble la dévorer comme les flammes infernales dévorent les réprouvés dans les abîmes éternels : tant elle est au-dessus de toutes les autres douleurs et de tous les supplices de la terre! Mais la faim spirituelle détruit d'une manière bien plus universelle et plus invincible tous les sentimens de la nature. C'est elle qui porte les hommes à se dépouiller, à se déchirer, à se détruire les uns les autres avec une rage et une persévérance inconnues dans les républiques des animaux les plus sauvages; c'est elle qui porte les pères à immoler, à brûler leurs enfans presque sans motif et avec une joie féroce, comme nous l'apprenons de tant de nations idolâtres. Elle fait plus qu'éteindre les sentimens de la nature, elle détruit la nature elle-même, et ne laisse de l'humanité que les formes extérieures : car, dans les conséquences pratiques des doctrines du mensonge, soit de l'idolâtrie, soit de la philosophie anti-religieuse, il n'y a plus de distinction entre le père et la fille, la mère et le fils, le frère et la sœur ; plus de moyens même de se reconnoître, comme l'avoit observé Tertullien avant nous. Dès lors plus de sûreté, plus de liens, plus d'ordre nulle part. De faux systèmes, bâtis sur le sable mouvant de nos folies et de nos passions en délire, engendrent partout les désordres, la confusion et d'horribles tempêtes, qui nous dérobent les dernières clartés du soleil de vérité et de justice : ils remplacent les lois fondamentales de l'ordre social, de la justice et de la paix, par les caprices et les passions de la multitude, et les dogmes sublimes et majestueux de la révélation, par les rêveries et les extravagances de chacun. Alors tout change, tout se dissout, tout est renversé autour de nous, jusqu'à nos rapports avec Dieu ; car Dieu lui-même est changé pour nous : d'un Dieu de bonté et d'amour, il devient un Dieu vengeur, un Dieu irrité contre nous. Par la famine corporelle, il nous châtie en père et dans sa miséricorde; par la famine spirituelle, il nous châtie en juge inexorable et dans sa colère; et c'est ce terrible fléau qui désole aujourd'hui la plupart de nos provinces.

CHAPITRE XXI.

MISSIONS DANS LES CAMPAGNES ET LES PAROISSES PRIVÉES DE PASTEURS.

Transiens in Macedoniam, adjuva nos.
Act. Apost., cap. 16.

Je n'ose décrire les nouveaux et effroyables malheurs qui nous menacent, si nous ne nous hâtons d'arrêter ce fléau dévastateur qui désole nos plus belles provinces; car, à quelques exceptions près, c'est surtout dans nos plus belles et plus fertiles contrées, que cette horrible famine du pain de la divine parole étend ses ravages. Que ces pauvres peuples sont dignes de compassion! Que ne feroit-on pas, que ne ferions-nous pas pour eux, s'ils éprouvoient les mêmes besoins et le même abandon pour leur corps que pour leur âme! Mais que de difficultés pour les secourir! Puisqu'on est aujourd'hui et qu'on sera peut-être long-temps dans l'impossibilité de leur donner des pasteurs qui soient fixés au milieu d'eux, on ne le peut que par des retraites ou des missions particulières faites d'une manière analogue à leur situation et à leurs besoins, et par d'autres secours extraordinaires réglés par les évêques.

Ces sortes de missions et de retraites, toutes différentes de celles qui se donnent dans les paroisses pourvues de pasteurs, sont sans contredit les plus pénibles et peut-être tout à la fois les plus nécessaires et les plus difficiles, quoique les moins éclatantes. Elles sont plus que toutes les autres de véritables missions, et exigent de la part de ceux qui s'y consacrent, de grandes vertus et de grands sacrifices; un plus grand esprit de prière, de renoncement, d'entière abnégation de soi-même. Voici les principales difficultés qui rendent presqu'impossibles aux yeux de plusieurs, ces importantes missions dont personne ne conteste la nécessité.

Première difficulté. Dans plusieurs de ces paroisses, nous dira-t-on, vous ne trouverez point d'église; dans celles où vous en trouverez, elle sera sans ornemens, du moins pour l'ordinaire, et toute délâbrée. Vous ne verrez presque partout que des ruines, et nulle part vous ne trouverez ni zèle, ni moyens de les réparer.

Je répondrai d'abord, que ces missions sont un des moyens les plus efficaces de prévenir l'accroissement de ces ruines, de faire partout revivre le zèle et naître les moyens nécessaires pour les réparer. Je dirai ensuite que, nonobstant les pillages et les destructions de la moderne philosophie, il sera encore facile de trouver un grand nombre de paroisses abandonnées, où l'on pourra célébrer les saints mystères et exercer les autres fonctions sacrées avec décence et avec édification. C'est par celles-ci qu'il faut commencer, les voisines qui n'ont pas les mêmes ressources en profiteront. L'espérance des mêmes secours extraordinaires excitera partout le zèle des gens de bien, pour contribuer, selon leurs moyens, à la reconstruction, réparation ou décoration de la maison du Seigneur.

Seconde difficulté. Mais voici un bien plus grand obstacle, reprend-on, c'est la mauvaise disposition des habitans. Ces peuples, privés depuis long-temps des secours de la religion, sont dans l'état le plus déplorable sous le rapport de la foi, de la probité et des mœurs. Ils sont dans un état pire que les sauvages de l'Amérique, ou les nègres de la Guinée, qui n'ont jamais entendu parler de Jésus-Christ : car outre qu'ils sont tout absorbés dans les choses de la terre, jusqu'à ne pouvoir plus goûter les choses du ciel, et plongés dans la plus étonnante corruption, ils ont contre le Christianisme les préventions les plus défavorables et les plus enracinées, parce qu'elles leur viennent non-seulement des calomnies, des perfides insinuations, des fausses et absurdes doctrines de la secte ennemie de toute religion et de toute morale; mais ce qui est encore plus terrible et plus déplorable, de l'apostasie et des scandales des nouveaux Judas, (en petit nombre à la vérité, mais toujours trop grand,) des mauvais prêtres. Ces peuples n'ont donc aujourd'hui plus de respect pour les choses saintes et pour le sacerdoce, et dans un état pire que les payens, ils ne veulent plus entendre parler de religion.

Voici ma première réponse : quelque déplorable que soit l'état de ces peuples, quelles que soient leurs préventions, il ne faut point les abandonner tout-à-fait; plus ils sont coupables, plus ils sont à plaindre et plus il faut se hâter de leur fournir les moyens de revenir à une meilleure voie; plus ils sont pervertis et prévenus contre le Christianisme, plus les moyens que j'indique sont nécessaires et peut-être les seuls propres pour les ramener aux bons principes et les convertir.

J'observerai ensuite que malgré cette démoralisation générale, cette extinction de la foi et ces fausses préventions produites par l'ignorance et par les scandales de tous genres, quelques-uns même de la part de ceux qui devoient édifier à cause de la sainteté de leur vocation, on pourra encore presque partout semer avec fruit la parole de l'évangile et ramener les peuples de la France à la religion et aux vertus de leurs ancêtres. Pour y mieux réussir il est nécessaire: 1°. de bien connoître auparavant l'esprit, le caractère, les dispositions et les besoins des habitans des lieux qu'on doit évangéliser; 2°. de prendre les moyens de n'être à charge à personne, surtout dans les lieux pauvres et dans ceux où il y a plus de scandales, ou plus de préventions contre la foi; 3°. de prêcher beaucoup plus que par ses paroles, par l'exemple de toutes les vertus, surtout de l'humilité, du désintéressement, du renoncement à soi-même, d'une grande charité, d'une patience et d'une douceur à toute épreuve.

Troisième difficulté. Enfin, un autre grand obstacle qu'on allégue encore, est celui de ne pouvoir soutenir le bien opéré par ces secours extraordinaires. Il ne se soutient pas, dit-on avec raison, là où il y a des bons pasteurs pour le maintenir et le perfectionner : que sera-ce dans les lieux qui en sont dépourvus ?

Il y a ici beaucoup à répondre: d'abord si on n'entreprenoit aucune bonne œuvre, aucun bien que lorsqu'on a l'assurance du succès et de sa conservation, on entreprendroit bien peu de choses, et je crois d'ailleurs qu'on peut prendre des moyens pour maintenir et perfectionner même jusqu'à un certain point, le bien opéré par ces retraites et missions particulières. Et après tout, quand même ce bien ne seroit que passager: n'est-il pas assez considérable pour qu'on l'entreprenne, pour qu'on fasse même tous les sacrifices pour l'obtenir? Qu'est-il donc ce bien considéré en lui-même et dans ses effets? C'est le cri de la vérité, qui vient réveiller une multitude d'âmes plongées dans un sommeil léthargique causé par les profondes ténèbres de l'ignorance, de l'erreur ou d'une stupide et coupable indifférence; c'est une grâce extraordinaire du Seigneur qui vient faire des prodiges dans tous les esprits et dans tous les cœurs, et tout renouveler dans la voie du salut pour la faire mieux connoître et la rendre plus facile à tous; c'est une nouvelle publication de l'Evangile, une nouvelle promulgation de la loi de Dieu, une nouvelle manifestation de ses mystères, de ses promesses et de ses récompenses; c'est un cours public de toutes les vérités de la religion et de la morale pour tous les rangs, pour toutes les professions et pour tous les âges, fait avec appareil et accompagné de bienfaits signalés de la part du Très-Haut. C'est cette grande gloire rendue à Dieu, et cette grande paix procurée aux hommes que les anges ont célébrées à la venue du Messie. Qu'est-ce encore? des hommages éclatans et solennels rendus à l'ordre moral, à la justice, aux vertus, au culte public; c'est de la part de la religion, l'effusion de ses vives lumières sur le chaos de nos ignorances, de nos doutes et de nos erreurs; de ses grâces ineffables et de ses abondantes consolations sur l'abîme de nos foiblesses et de nos maux. Par ce bien même passager, on arrête, on répare des milliers et des millions de péchés mortels dont un seul est un plus grand mal que la confusion des astres et des élémens et le bouleversement de la nature entière, et on répand une semence féconde de toutes sortes de vertus dans les familles et dans les âmes. N'est-ce rien que tout cela? Tout l'or du monde, toutes ses richesses et toutes ses couronnes ne peuvent être comparés au moindre de ces biens; ajoutez que deux circonstances les rendent plus grands et plus admirables dans ces campagnes abandonnées que dans les villes : la première, parce qu'ils sont produits et cultivés dans les lieux où l'on devoit moins les attendre ; la seconde, parce que les travaux par lesquels on les obtient sont plus saints et plus méritoires devant Dieu, comme plus pénibles et moins éclatans ; plus divins en nous donnant une plus grande ressemblance avec le fils de Dieu qui donnoit pour preuve de la Divinité de sa mission que les pauvres étoient évangélisés. Cependant on travaille le jour et la nuit, on traverse les mers, on supporte les plus grandes fatigues, on s'expose aux plus grands dangers, pour se procurer quelques pièces d'un métal, vil instrument du crime et de la corruption, un honneur vain et chimérique, qui, le plus souvent, n'est aux yeux du sage qu'un déshonneur et un opprobre, ou une jouissance passagère accompagnée de mille inquiétudes, de troubles et de remords. Que ne doit-on pas faire par conséquent pour procurer les biens même passagers de ces retraites et de ces missions ? Ne doit-on pas se trouver heureux de procurer ces biens tout immenses, tout surnaturels, et tout divins, par les plus grands travaux, les plus grandes peines et les plus grands sacrifices ? Heureux tous ceux qui y travailleront ou y coopéreront de quelque manière !

CHAPITRE XXII.

SUITE DU PRÉCÉDENT.

Il est à désirer qu'il se forme une congrégation de prêtres auxiliaires ou de missionnaires, spécialement, mais non uniquement consacrés à cette bonne œuvre. Je dis spécialement, parce qu'il faut une vocation et des grâces particulières pour cet important ministère, qui, quoique plus laborieux, plus semblable à celui de J.-C., notre premier Pontife et notre souverain Législateur, a cependant moins d'éclat, moins de consolations sensibles, et afin que cette œuvre excellente soit leur première œuvre, leur plus constante et plus chère occupation, le but continuel de leurs études et de leurs prières. Je dis non uniquement, car il est très-avantageux qu'ils aient encore pour but de donner partout ailleurs des missions et des retraites, même dans les villes, pour deux grandes raisons. Premièrement, parce que les missions et retraites, dans les gros bourgs et dans les villes surtout, leur prépareront les voies pour celles des paroisses abandonnées, et leur en faciliteront le succès; elles

les feront désirer, disposeront les esprits, et leur gagneront la considération, le respect et la confiance, si nécessaires pour opérer le bien. Secondement, une congrégation de missionnaires se formera mieux et plutôt de cette maniere, que s'ils avoient pour but unique de donner quelques missions dans les campagnes, et administrer les sacremens dans les paroisses abandonnées. On trouveroit peut-être peu de sujets qui voulussent s'y consacrer exclusivement : ceux qui s'y consacreroient n'auroient pas autant de moyens de se former à toutes les œuvres et à toutes les fonctions du saint ministère; et à moins qu'ils ne fussent déjà parvenus à une grande perfection, peut-être aussi se trouveroient-ils trop isolés, trop peu encouragés, parce que leurs travaux n'auroient le plus souvent aucune apparence de succès aux yeux des hommes.

Cette congrégation, pour s'établir plus solidement, et rendre de plus grands services à l'Eglise et à l'Etat, devroit être la même pour plusieurs diocèses, et avoir un bon noviciat dans la maison principale. Par là, elle pourroit plus facilement former et éprouver ses sujets, observer une plus exacte discipline, acquérir de la stabilité, et prendre bientôt son rang après les Pères de la Foi et les missionnaires de France.

Tous les évêques reconnoissent aujourd'hui la nécessité d'établir des missions diocésaines, comme à l'époque du concile de Trente, ils reconnurent celle d'établir des séminaires; ainsi cette congrégation pourroit s'étendre même dans les diocèses où le clergé est assez nombreux pour qu'il n'y ait point de paroisse vacante. D'un côté, les diocèses, comme mieux pourvus, pourroient fournir un plus grand nombre de sujets à la congrégation; de l'autre, les missions diocésaines, en appartenant à une grande congrégation, auroient plus de stabilité, plus de considération, plus de ressources pour former leurs missionnaires et avoir toujours d'excellens sujets; car l'évêque, en en fournissant un plus grand nombre à la communauté, pourroit facilement s'entendre avec le supérieur-général, pour avoir et garder ceux qui lui conviendroient davantage. Je ne voudrois cependant pas que cette congrégation s'étendît à tous les diocèses de France; je crois, au contraire, qu'il est à désirer que, pour remplir ce même but, il y en eût plusieurs, dont chacune auroit son règlement particulier, quoique fondé sur les mêmes bases, et qu'il y eût de même plusieurs corps religieux enseignans, soit pour la tenue des colléges et des séminaires, soit pour l'instruction des pauvres, et voici pour quelles raisons :

1° Parce que plusieurs congrégations qui auroient le même but se soutiendroient les unes les autres par émulation, conserveroient mieux leur première ferveur, leur première discipline, pourroient mieux choisir, former et surveiller leurs sujets, et exciteroient moins d'ombrage qu'une congrégation trop nombreuse et trop répandue.

2°. Si une de ces congrégations vient à tomber dans l'erreur ou le relâchement, ou à succomber sous quelque persécution ou quelque cabale, elle est plus facilement remplacée par une autre, et sa perte ne laisse pas un si grand vide dans l'Etat et dans l'Eglise. Et n'est-ce pas au trop grand vide que fit une grande société dans les Etats de l'Europe et dans l'Eglise, qu'il faut attribuer en grande partie les malheurs qui oppriment, et les catastrophes qui bouleversent les peuples depuis plus d'un quart de siècle, et qui ont commencé tout juste après qu'une autre génération a été formée par les changemens survenus dans l'éducation publique?

Nous voyons avec douleur que les établissemens qui s'élèvent sur les débris des anciennes congrégations et des anciens ordres, pour les remplacer, portent l'empreinte de l'esprit du siècle, reposent sur des fondemens peu solides, et s'occupent plus du présent que de l'avenir, à quelques exceptions près, à la tête desquelles je dois mettre la respectable congrégation dédiée au sacré Cœur de Jésus, née à Poitiers le jour de la mort du Roi-Martyr, qui est une des plus grandes consolations et une des plus belles espérances de l'Eglise de France. Cependant, en négligeant l'avenir, on ne fait pas même le bien du moment, ou on ne le fait que d'une manière superficielle. En morale et en législation, la durée est la marque de la sagesse et de la perfection. Le Seigneur nous recommande de la chercher, lorsqu'il dit à ses apôtres : « Je vous ai choisis, afin que vous portiez des fruits, et que vos fruits demeurent. » La perpétuité est pour toutes choses, dans les arts, dans les lettres, dans la nature, et surtout dans les institutions, un caractère de bonté, de solidité et de perfection; et comme partout on cherche la perfection, de même partout on recherche la perpétuité. Demandez aux peintres les plus habiles pourquoi ils travaillent si long-temps, et avec tant de soin leurs tableaux? C'est pour les faire passer à la postérité la plus reculée : ce n'est pas tant pour le moment présent qu'ils travaillent, que pour toute la durée des siècles. *Æternitati pingo* :

voilà la devise des hommes de génie dans chaque genre. Quel jardinier que celui qui ne voudroit que des plants qui produiroient leurs fruits dans l'année même? Et n'est-ce pas surtout pour ses enfans et ses petits-enfans qu'un père construit ses édifices, plante ses bois et ses vergers?

Pourquoi dans la religion, dans ce qu'il y a de plus grand, de plus beau, aux yeux de Dieu et des hommes, de plus nécessaire, de plus utile à la société, ne chercheroit-on pas le solide, ne viseroit-on pas à la perfection, ne prendroit-on pas les moyens de perpétuer, d'éterniser, s'il étoit possible, les bienfaits? On le doit surtout pour les congrégations dont nous parlons, parce qu'elles ne sont pas moins nécessaires aux générations futures qu'à la génération présente : car de plusieurs générations on ne pourra remplir le vide du ministère, multiplier les pasteurs comme ils l'étoient en 1789, ni renouveler partout l'esprit de foi et les bonnes mœurs, la connoissance et la pratique des vérités de la religion. Lors même qu'on en sera venu là, ces congrégations seront infiniment utiles pour moissonner avec joie ce qu'on aura semé avec tant de peine et en l'arrosant de pleurs, et pour conserver partout la morale et les vertus du Christianisme.

Il seroit à désirer que pour former ces congrégations, des hommes tout remplis de l'esprit de Dieu, et suscités de lui pour cette grande œuvre, comme le furent autrefois saint Vincent de Paul, saint Ignace, etc. s'en occupassent presqu'uniquement, de concert avec nosseigneurs les évêques dans le diocèse desquels elles prendroient naissance et auroient par la suite leur noviciat et leur maison principale. Quelles sont les vertus et les qualités qui distinguent ces hommes de la providence, ces prêtres selon le cœur de Dieu, qu'il remplit de son esprit, et envoie dans un état ou dans une province pour remplir quelque grand dessein de sa miséricorde? 1° Ils possèdent dans sa plénitude l'esprit du sacerdoce : ce qui caractérise cet esprit, est la vivacité de la foi, l'amour et l'estime des fonctions saintes, et de tout ce qui y a rapport; l'amour, l'estime et la pratique des vertus sacerdotales, surtout de l'humilité, du désintéressement, et de cette piété éminente qui fait vivre en Dieu et pour Dieu, et agir continuellement par son esprit; 2° ils ont le don d'oraison : ce don renferme la pratique habituelle de la prière mentale, du recueillement et de l'union avec Dieu; le discernement des esprits, la connoissance théorique et pratique des différentes sortes d'oraisons, et des diverses opérations de l'Esprit Saint dans les âmes; 3° une rare vertu qui les élève au-dessus de toutes les petites passions, et de toutes les foiblesses de la nature; leur fait réprimer et maîtriser constamment toutes les saillies de l'humeur et de l'amour-propre, et gouverner avec le sceptre de la charité parfaite tous les mouvemens de leur âme; 4° ils ont surtout une grande pureté d'intention : cette pureté d'intention porte à chercher en toutes choses la plus grande gloire de Dieu, et à s'oublier constamment et entièrement soi-même, comme faisoit le grand saint Ignace. Quand on a cette parfaite pureté d'intention, on ne s'occupe pas plus de soi et de ce qui peut nous arriver, du moins dans les fonctions et les œuvres qui intéressent la religion, dans ce qui regarde le service de Dieu et de son Eglise, que si on ne vivoit pas. On sent constamment, d'une manière douce et entraînante, le besoin d'agir pour chercher et procurer la gloire de Dieu. Tout ce qui la procure nous réjouit, tout ce qui l'attaque nous afflige. La première chose que l'on voit dans chaque événement, dans chaque entreprise, est ce qui y a rapport, elle préside à toutes nos délibérations et à toutes nos démarches; 5° ils ont enfin une assistance particulière du Saint-Esprit pour les œuvres auxquelles ils sont appelés : cette assistance se manifeste par une vue plus claire, plus prompte, plus étendue de tout ce qu'il convient de faire et de statuer selon le temps, le lieu et la position où l'on se trouve, et nous fait même au besoin découvrir ou prévoir exactement l'avenir.

Qu'un de ces hommes se trouve placé à la tête d'une grande institution à fonder, il sera là comme un habile architecte chargé d'élever un vaste et bel édifice; il saura que sa principale fonction est de tout coordonner, de tout former, éclairer et diriger dans la société; d'y établir, autant que possible, l'unité d'esprit et de sentiment, de n'isoler aucun de ses membres, d'intéresser chacun au bien général, de voir tout en grand, et, autant que possible, tout par lui-même, de connoître et de faire valoir les talens de chacun, de mettre chacun à la place qui lui convient, dans laquelle, par conséquent, il réussira mieux, s'intéressera davantage à la société, et lui rendra plus de services; il aura soin de ne pas laisser introduire dans la société cet esprit de rivalité et d'intrigue qui se glisse partout, et prend toutes les formes comme l'orgueil qui le produit, dont le propre est d'éclipser la vertu, d'éloigner le vrai mérite et tout ce qui fait ombrage, et de détruire cet esprit de corps qui, pris en bonne part, n'est autre chose que l'esprit propre, et pour ainsi dire, l'âme de chaque institution.

Si nous devons prier le Seigneur d'envoyer des ouvriers à sa vigne, nous devons le conjurer aussi de nous susciter quelques-uns de ces hommes extraordinaires qui sont les hommes de sa droite, les hommes de sa sagesse et de sa miséricorde. En voyant un de ces hommes, et le commencement de son œuvre, je dirois de lui ce que saint Jean d'Avila dit du grand saint Ignace, je m'écrierois, avec les transports de l'allégresse: *Nunc dimittis servum tuum, Domine*, etc., et j'éprouverois, en quittant la terre, un adoucissement au regret d'y avoir fait si peu de bien. Mais en attendant et en voyant que tout se dissout, tout se dégrade et se corrompt, que la société ressemble à une ville immense prise d'assaut par des ennemis puissans et furieux qui, après avoir allumé le feu à ses quatre coins, l'ont livrée au pillage et aux flammes, faudra-t-il rester les bras croisés en regardant ce vaste incendie? Non, certes; il faut agir, il faut travailler avec sagesse, avec courage, et se dévouer pour éteindre cet horrible incendie, et garantir du pillage et des flammes tout ce qu'il sera possible d'en arracher. Il faut donc commencer et commencer tout de suite: quand on ne feroit que préparer les matériaux pour d'autres, comme David prépara pour Salomon ceux du temple de Jérusalem, ce seroit beaucoup. Il est nécessaire surtout de bien commencer : si en commençant on est bien fixé, si on voit tout ce qu'il convient de faire, si on le veut fortement et avec des vues bien pures, si on sait se dévouer avec grandeur d'âme, avec oubli de soi-même, si on est plein de confiance en la seule divine Providence, et qu'on suive la maxime de saint Ignace : « Dans les rencontres difficiles, « il faut s'abandonner à Dieu avec une entière « confiance, comme si le bon succès devoit venir « d'en haut par une espèce de miracle ; et néan« moins mettre tout en œuvre pour la faire réus« sir, comme si nous ne devions recevoir aucun « secours du côté de Dieu ; » si on sait prévoir les obstacles, s'attendre à en rencontrer de plus grands encore, et avoir la résolution de les surmonter de son mieux avec prudence, avec courage, et humilité ; si on a soin de n'avoir dans le commencement que des sujets d'élite surtout pour les vertus, et de chercher plutôt à bien faire, et d'une manière solide et durable, qu'à faire beaucoup et avec éclat, de ne perdre jamais de vue son entreprise, et de ne rien faire qui puisse y nuire, on est sûr de réussir. On pourroit d'abord établir une première maison, donner des missions et des retraites, prendre ensuite les moyens d'avoir au plutôt un noviciat et une seconde maison. Le noviciat surtout me paroît de la plus grande importance. Le Seigneur et le temps feroient le reste. Qu'il y ait dans une congrégation un noviciat bien dirigé, un bon esprit, un bon gouvernement, et elle ne manquera pas de s'accroître et de se perpétuer.

Voilà, avec les institutions religieuses pour l'enseignement public, l'unique moyen peut-être de conserver la foi, les bonnes mœurs et la civilisation dans plusieurs provinces de France que nous nous abstenons de désigner ici. C'est peut-être par ce même moyen que la face du christianisme se renouvellera dans toute l'Europe. Chez tous les peuples, aujourd'hui, toute chair a corrompu sa voie, le désordre paroît à son comble; l'irréligion, avec la dépravation des mœurs, sa compagne inséparable, a souillé tous les cœurs, avili tous les rangs, elle a franchi toutes les barrières, même les barrières les plus sacrées pour établir la désolation dans le lieu saint.

On nous a *révolutionnés*, on nous a dégradés et perdus par l'ignorance, et avec des sophismes et des scandales : c'est par la véritable science qui vient de Dieu, c'est par une nouvelle prédication de l'Evangile, faite par des hommes apostoliques, par une bonne législation et de bonnes institutions religieuses, qu'on conservera, avec la foi catholique, la civilisation et la morale en Europe.

Nous avons réfléchi sur la marche à suivre et la méthode à employer dans ces sortes de missions, et les autres secours extraordinaires de la religion que l'on doit se hâter de procurer à ces pauvres peuples; mais ce sujet doit être traité à part. Nous croyons qu'il seroit très-utile et très-important de composer un manuel à l'usage de ces nouvelles missions : peut-être aurons-nous quelque jour la témérité de l'entreprendre; mais nous désirons que de plus habiles nous préviennent et s'en occupent : nous exposons ici notre vœu pour leur en inspirer le dessein.

CHAPITRE XXIII.

VŒU PAR LEQUEL LOUIS XVI A DÉVOUÉ SA PERSONNE, SA FAMILLE ET TOUT SON ROYAUME, AU SACRÉ CŒUR DE JÉSUS.

C'EST en 1792, pendant qu'il étoit captif dans son propre palais, avec sa famille, que le Roi-Martyr a fait ce vœu, auquel sans doute nous devons en grande partie le salut de la France.

Afin que, nonobstant tout événement, cet acte précieux nous fût conservé, M. HÉBERT, supérieur-général des Eudistes, en demeura dépositaire.

Vœu du Roi-martyr pour le salut et la gloire de la France.

VOUS voyez, ô mon Dieu! les plaies qui déchirent mon cœur, et la profondeur de l'abîme dans lequel je suis tombé. Des maux sans nombre m'environnent de toutes parts. A mes malheurs personnels et à ceux de ma famille, qui sont affreux, se joignent, pour accabler mon âme, ceux qui couvrent toute la face du Royaume. Les cris de tous les infortunés, les gémisssemens de la religion opprimée retentissent à mes oreilles, et une voix intérieure m'avertit encore que peut-être votre justice me reproche toutes ces calamités, parce que, dans les jours de ma puissance, je n'ai pas réprimé la licence du peuple et l'irréligion, qui en sont les principales sources; parce que j'ai fourni moi-même des armes à l'hérésie qui triomphe, en la favorisant par des lois qui ont doublé ses forces, et lui ont donné l'audace de tout oser.

Je n'aurai pas la témérité, ô mon Dieu! de me justifier devant vous; mais vous savez que mon cœur a toujours été soumis à la foi et aux règles des mœurs : mes fautes sont le fruit de ma foiblesse, et semblent dignes de votre grande miséricorde. Vous avez pardonné au roi David qui avoit été cause que vos ennemis avoient blasphémé contre vous; au roi Manassès, qui avoit entraîné son peuple dans l'idolâtrie. Désarmé par leur pénitence, vous les avez rétablis l'un et l'autre sur le trône de Juda; vous les avez fait régner avec paix et avec gloire. Seriez-vous inexorable aujourd'hui pour un fils de saint Louis qui prend ces rois pénitens pour modèles, et qui, à leur exemple, désire réparer ses fautes, et devenir un Roi selon votre cœur?

O Jésus-Christ! divin Rédempteur de toutes nos iniquités, c'est dans votre cœur adorable que je veux déposer les effusions de mon âme affligée. J'appelle à mon secours le tendre cœur de Marie, mon auguste protectrice et ma mère, et l'assistance de saint Louis, mon patron et le plus illustre de mes aïeux.

Ouvrez-vous, cœur adorable, et par les mains si pures de mes puissans intercesseurs, recevez avec bonté les vœux satisfactoires que la confiance m'inspire, et que je vous offre comme l'expression naïve des sentimens de mon cœur.

Si, par un effet de la bonté infinie de Dieu, je recouvre ma liberté, ma couronne et ma puissance royale, je promets solennellement :

1°. De révoquer, le plus tôt que faire se pourra, toutes les lois qui me seront indiquées, soit par le Pape, soit par un concile, soit par quatre évêques choisis parmi les plus éclairés et les plus vertueux de mon royaume, comme contraires à la pureté et à l'intégrité de la foi, à la discipline et à la juridiction spirituelle de la sainte Eglise catholique, apostolique et romaine, et notamment la *constitution civile* du clergé ;

2°. De rétablir sans délai tous les pasteurs légitimes et tous les bénéficiers institués par l'Eglise dans les bénéfices dont ils ont été injustement dépouillés par les décrets d'une puissance incompétente, sauf à prendre les moyens canoniques pour supprimer les titres des bénéfices qui seront jugés nécessaires, pour en appliquer les biens et les revenus au bien de l'Etat;

3°. De prendre, dans l'intervalle d'une année, tant auprès du Pape qu'auprès des évêques de mon Royaume, toutes les mesures nécessaires pour établir, en suivant les formes canoniques, une fête solennelle en l'honneur du sacré cœur de Jésus, laquelle sera célébrée à perpétuité dans toute la France, le premier vendredi après l'octave du Saint-Sacrement, et toujours suivie d'une procession générale, en réparation des outrages et des profanations commises dans nos saints temples, pendant le temps des troubles, par les schismatiques, les hérétiques et les mauvais chrétiens.

4°. D'aller moi-même en personne, sous trois mois, à compter du jour de ma délivrance, dans l'église de Notre-Dame de Paris, ou dans toute autre église principale du lieu où je me trouverai, et de prononcer, un jour de dimanche ou de fête, au pied du maître-autel, après l'offertoire de la messe, et entre les mains du célébrant, un acte solennel de consécration de ma personne, de ma famille et de mon royaume, au SACRÉ CŒUR DE JÉSUS, avec promesse de donner à tous mes sujets l'exemple du culte et de la dévotion qui sont dus à ce cœur adorable ;

5°. D'ériger et de décorer à mes frais, dans l'église que je choisirai pour cela, dans le cours d'une année, à compter du jour de ma délivrance, une chapelle ou un autel qui sera consacré au sacré Cœur de Jésus, et qui servira de monument éternel de ma reconnoissance et de ma confiance sans bornes dans les mérites infinis et dans les trésors inépuisables de grâces qui sont renfermés dans ce cœur sacré ;

6°. De renouveler tous les ans, au lieu où je me trouverai, le jour qu'on célébrera la fête du Sacré Cœur, l'acte de consécration exprimé dans l'article quatrième; et d'assister à la procession générale qui suivra la messe de ce jour.

Je ne puis aujourd'hui prononcer qu'en secret cet engagement, mais je le signerois de mon sang s'il le falloit, et le plus beau jour de ma vie sera celui où je pourrai le publier à haute voix dans le temple.

O CŒUR ADORABLE DE MON SAUVEUR ! que j'oublie ma main droite et que je m'oublie moi-même, si jamais j'oublie vos bienfaits et mes promesses, si je cesse de vous aimer et de mettre en vous ma confiance et toute ma consolation. Ainsi soit-il.

Nous sera-t-il permis d'exprimer ici le vœu de tous les amis de la religion et de la patrie, de voir établir prochainement pour le salut et surtout pour la gloire de la France et de la famille du Roi Martyr la fête en l'honneur du Sacré Cœur, comme il est marqué dans l'article 3? Que dans cette solennité nous puissions renouveler le vœu de Louis XVI, comme nous renouvelons celui de Louis XIII le jour de l'Assomption, et lire publiquement dans nos temples cet acte, monument si précieux de sa piété, comme nous lisons son Testament le 21 janvier.

Qu'en attendant toutes les âmes pieuses, tous les fidèles s'unissent toujours pour prier et prier avec une nouvelle ferveur, 1.° pour obtenir la conservation et le triomphe de la foi catholique et de la justice en France; 2°. Pour recommander au Seigneur *notre enfant à tous*, notre prince HENRI DIEUDONNÉ, et toute la jeunesse de vingt ans et au-dessous; 3°. pour demander au ciel les établissemens religieux nécessaires à l'Eglise de France pour se relever de ses ruines et réparer ses malheurs.

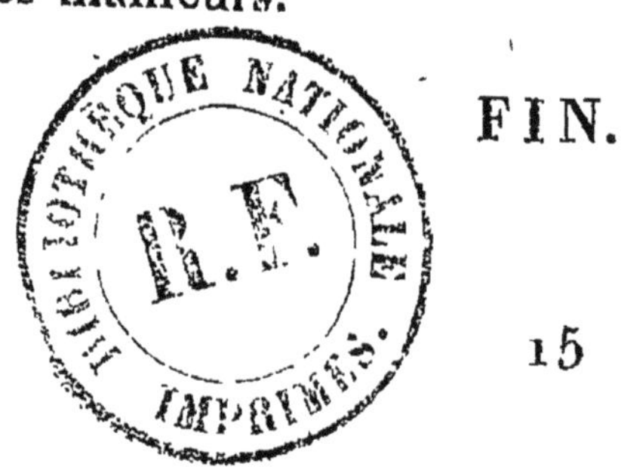

FIN.

TABLE

DES CHAPITRES.

SECONDE PARTIE.

FIN DE LA TABLE.

DE L'IMPRIMERIE D'A. EGRON.

ERRATA.

Pag. 2, lig. avant-dernière, au lieu de : sa faculté de connoître et d'aimer; son libre arbitre ou la faculté de produire la vertu; de mériter, etc. *lisez :* sa faculté de connoître et d'aimer, son libre arbitre ou la faculté de produire la vertu, de mériter, etc.

Pag. 29, lig. 1re, au lieu de : pour le justifier; *lisez :* pour la justifier.

Pag. 55, lig. 3, au lieu de : hors l'eau, *lisez :* hors de l'eau.

Pag. 60, lig. 2, au lieu de : philosophie sont, *lisez :* philosophie ont.

Pag. 87, lig. 21, au lieu de : un bien impuisable, *lisez :* un bien inépuisable.

Pag. 109, lig. 18, au lieu de : de sa grandeur; et en agissant, *lisez :* de sa grandeur ? Et en agissant.

Pag. 124, lig. 9, à notre tour; *lisez :* à notre tour?

Pag. 140, lig. 14, au lieu de : or, sa religion. *lisez :* or, la religion.

Même page, lig. 16, est le premier devoir, *lisez :* et le premier devoir.

www.ingramcontent.com/pod-product-compliance
Ingram Content Group UK Ltd.
Pitfield, Milton Keynes, MK11 3LW, UK
UKHW022044190726
13855UKWH00002B/399

9 782012 994218